TRAITÉ

DE LA

LETTRE DE CHANGE,

DU BILLET A ORDRE, ETC.;

PAR

J.-B. YÉCHE, Avocat.

« Les lettres de change..... reposent
sur des principes souvent arbitraires,
et dont le mécanisme, si difficile à
saisir, est d'une application de tous les
instants et de tous les pays. »

(NOUGUIER, t. 1, p. 445.)

PRIX : 5 FR.

PARIS, | TOULOUSE,

POIRÉE, LIBRAIRE, | DELBOY, LIBRAIRE,

Rue Croix-des-Petits-Champs, 2. | Rue de la Pomme, 71.

1846.

TRAITÉ

DE

LA LETTRE DE CHANGE,

DU BILLET A ORDRE, ETC.

TOULOUSE, IMP. D'AUG. DE LABOUÏSSE-ROCHEFORT.

TRAITÉ

DE LA

LETTRE DE CHANGE,

DU BILLET A ORDRE, ETC.;

PAR

J.-B. YÉCHE, Avocat.

« Les lettres de change..... reposent
sur des principes souvent arbitraires,
et dont le mécanisme, si difficile à
saisir, est d'une application de tous les
instants et de tous les pays.
(NOUGUIER, t. 1, p. 445.)

<table>
<tr><td>PARIS,</td><td>TOULOUSE,</td></tr>
<tr><td>POIRÉE, LIBRAIRE,</td><td>DELBOY, LIBRAIRE,</td></tr>
<tr><td>Rue Croix-des-Petits-Champs, 2.</td><td>Rue de la Pomme, 71.</td></tr>
</table>

1846.

A Monsieur

BORIES,

Président du tribunal de commerce de la ville de Toulouse.

Monsieur,

Ayant fait un Traité destiné au commerce, j'ai été très-flatté de pouvoir le dédier à un de mes compatriotes, que l'estime des négociants a appelé plusieurs fois, et vient d'appeler encore, à la présidence du tribunal consulaire de la ville de Toulouse.

Mon hommage est bien petit, et vous l'avez accueilli par pure sympathie.

Veuillez, je vous prie, agréer la manifestation publique des sentiments d'estime et de reconnaissance que vous avez su inspirer

A votre très-humble serviteur,

YÈCHE, Avocat.

PRÉFACE.

La lettre de change devait jouer un très-grand rôle dans un siècle d'industrie et de spéculation par excellence, où les individus, poussés par une espérance ambitieuse ou par les exigeances de la vie présente, mettent en jeu tous les moyens possibles de crédit.

Aussi, indépendamment du commerce, qui depuis bien long-temps en fait un grand usage, voit-on aujourd'hui toutes les classes de la société, depuis le laboureur jusqu'au banquier, se servir de ce genre d'obligation.

Le propriétaire emprunte par lettre de change, pour ne pas infecter son bien par la lèpre de l'hypothèque; le fils de famille, au moyen de la lettre de change, se fait escompter par l'usure sa fortune à venir.

L'usage des effets de commerce est devenu universel, et cependant il n'est pas de matière à la fois plus difficile et si peu comprise; aussi voit-on toùs les jours des individus qui, sans connaissance de cause, ont souscrit des effets de commerce, ou se sont immiscés dans leurs négociations, éprouver les plus rudes mécomptes.

Les commerçants eux-mêmes, confiants dans leur pratique journalière, dédaignent la plupart d'en étudier la théorie, comme si sans la connaissance des principes il était possible d'apprécier les questions diverses qui se présentent en foule chaque jour. Aussi suffit-il d'une crise commerciale, de la faillite d'un banquier, pour montrer, à cet égard, l'ignorance du public, et pour mettre en défaut le jugement des hommes de la pratique.

Jusqu'ici on n'avait traité la matière des effets de commerce que d'une manière peu convenable pour le public ; tantôt on l'avait présentée dans des traités généraux où elle occupait une trop petite place pour pouvoir y être convenablement expliquée ; tantôt on en avait fait le sujet spécial de traités fort savants, il est vrai, mais peu commodes pour ceux que l'économie du temps invite à aller droit au but, et qui n'aiment pas pour arriver à un principe ou à une solution de traverser la longue filière des considérations et des arguments sur lesquels ils sont basés.

L'auteur du présent Traité s'étant convaincu, dans ses conversations avec des gens du commerce, qu'un traité des effets négociables, à la fois concis et complet, renfermant le modèle de tous les actes et offrant une grande facilité pour les recherches, serait une chose utile au public, a entrepris de le réaliser.

Pour cela, il a resserré en aussi peu de pages que possible les principes de la matière, en les disposant méthodiquement et de la manière qu'il a cru la plus convenable ; et comme les effets de commerce ont provoqué une foule de décisions judiciaires, et qu'en cela surtout la jurisprudence est le complément indispensable de la loi, il a fait suivre son Traité de notes assez amples pour que toutes les questions intéressantes pussent y trouver leur solution, d'après la doctrine des auteurs et les décisions judiciaires.

L'auteur n'a point prétendu écrire pour les jurisconsultes, mais bien pour le public ; si son ouvrage lui est utile, il aura atteint l'unique but qu'il s'était proposé.

Non gloria nobis
Causa, sed utilitas officium que fuit.

INTRODUCTION.

Origine de la Lettre de Change. — Législation. —
Examen critique. — Change.

Les anciens ne connaissaient pas la lettre de change ;
son origine est toute moderne. Les auteurs ont exercé
leur érudition sur le point de savoir par qui et à quelle
époque elle aurait été inventée, comme si elle n'était pas
une chose assez bonne en soi pour pouvoir se passer d'un
arbre généalogique. Les uns attribuent cet honneur aux
Gibelins chassés d'Italie par les Guelfes, vers la fin du quatorzième siècle. D'autres prétendent que les Juifs, chassés
de France, sous les règnes de Philippe-Auguste, en 1181,
et de Philippe-le-Long, en 1316, s'étant réfugiés en Lombardie, l'imaginèrent pour avoir leur argent qu'ils n'avaient
pu emporter de France, et qu'ils avaient laissé entre les
mains de leurs amis. « A cet effet, ils se seraient servis du
ministère de voyageurs ou pèlerins auxquels ils auraient
remis des lettre en style concis et de peu de paroles, et
adressées à leurs amis, dans lesquelles on disait à ces der-

niers : Payez, avec les fonds que vous avez à moi, à un tel (banquier ou marchand), la somme de..... dont je déchargerai votre compte de..... Le banquier ou marchand envoyait une lettre semblable à un correspondant de Lombardie qui remboursait au Juif.....» D'autres, enfin, ont prétendu que la lettre de change n'avait d'autre cause que les progrès naturels du commerce.

Il nous semble que ce ne peut être que dans un but de pure curiosité qu'on s'est évertué à rechercher la véritable origine de la lettre de change. Qu'importe qu'elle ait eu pour cause occasionelle un fait particulier, qui, après avoir engendré cet instrument, a disparu en le laissant au service du commerce, d'un fait général, et perpétuel ! Ce dernier l'ayant adopté et perfectionné pour son usage, il en est au moins le père adoptif, et c'est exclusivement sous le point de vue de l'objet qu'il l'a destiné à réaliser qu'on doit étudier ses caractères, et apprécier par quels motifs il a mérité, de la part du législateur, les faveurs les plus signalées.

Avant l'invention des lettres de change, le transport réel de l'argent engendrait des difficultés et des dangers qui devaient éloigner les particuliers du commerce; «alors (comme disait M. Duveyrier au corps législatif), on marchait au commerce comme aux conquêtes, toutes

les expéditions spéculatives étaient des entreprises héroï-
ques de courage, et même de témérité. » La lettre de
change détruisit tous ces obstacles. — Avec elle, le voya-
geur n'eut plus à craindre de se voir dépouillé par des ban-
dits; l'argent ne fut plus un fardeau, et les millions tra-
versèrent l'espace avec la rapidité de la poste.

Ce bienfait se réalisa par le contrat de change dont la
lettre de change fut l'instrument. Des individus appelés
cambistes (aujourd'hui banquiers) firent le métier de
faire compter de l'argent dans un autre lieu que celui où
on le leur remettait, et ce, au moyen de lettres de change
qu'ils tiraient sur leurs correspondants des autres villes.
Ce commerce ayant pris une certaine extension, on sentit
le besoin de donner à la lettre de change une existence
légale. Un statut d'Avignon, de 1243, cité par M. Bravard-
Veyrières, contient un chapitre intitulé *de Litteris cambii;*
Nicolaï de Passeribus, en son traité *de Script. privat.,*
chapitre *de Litteris cambii,* fait mention d'une loi de Ve-
nise, sur les lettres de change, qui existait depuis 1272;
Louis XI, par son ordonnance du mois de mars 1462,
réunit les traditions reçues et les érigea en loi. On voit,
par cette ordonnance, que l'usage des lettres de change
et, même en cas de non-paiement, l'usage des protestations
ou protêts était déjà introduit dans les foires de Péze-

nas, de Montignac, de Genève, etc. Puis enfin vint la célèbre ordonnance de 1673, et en définitive le Code de 1808, qui a fait à l'ordonnance très-peu de changements, et dont les rédacteurs se sont efforcés, en général, d'en conserver les dispositions et même les termes.

« Ce n'est qu'avec le temps, dit M. Bravard-Veyrières (p. 165), que cet instrument s'est perfectionné, que la lettre de change a été assujétie à des règles fixes, et garantie dans son exécution par des mesures rigoureuses... »

Pendant long-temps, la lettre de change n'offrit d'autre avantage (avantage déjà bien grand) que celui d'éviter le transport réel de l'argent. Une fois qu'un individu était muni d'une lettre de change, s'il changeait de but, ou avait besoin d'argent dans un autre lieu que celui où la lettre était payable, il était obligé d'échanger son titre contre une nouvelle lettre de change, où de se faire rembourser sur le lieu même où le change s'était opéré, ce qui occasionait des frais, ou bien de céder son titre, mais alors de nouveaux frais étaient nécessités, car cette cession ne pouvait se faire que suivant les règles du droit civil (Art. 1490-1491 Code civil).

Enfin, dans le dix-septième siècle surgit l'usage de l'ordre dans les lettres de change, amené par l'embarras qu'occasionaient les procurations qu'il fallait constamment fournir lorsque le preneur n'opérait pas lui-même le recouvrement des fonds. Cet usage se développa de 1624 à 1642, reçut une existence légale de l'ordonnance de 1673, et devint enfin dans le commerce d'un usage général.

Ce fut une nouvelle ère pour la lettre de change.

Alors, non-seulement elle évita le transport réel de l'argent, mais elle rendit aux capitaux leur liberté, affranchit leur action des entraves qui la gênaient, constitua le *crédit privé*, et finit par remplacer l'argent : elle devint une espèce de monnaie. — L'avantage qui résulta de ce fait est incalculable !

Un contrat, un engagement civil, représentent de l'argent, il est vrai, et peuvent en réaliser par le moyen d'une cession, mais cette cession nécessite des formalités dispendieuses que le commerce ne peut guère pratiquer, ou du moins qui doivent ralentir sa marche; ces contrats, ces engagements, restent généralement enfouis dans les portefeuilles, tandis que la lettre de change permet au prêteur de réaliser des bénéfices sans amortir ses fonds; il peut s'en servir à volonté, et la céder sans autre formalité qu'un simple endossement. La lettre de change, en mettant en jeu toutes les garanties qui restaient oisives, et en leur imprimant la plus grande activité, a donné au commerce une impulsion inouie, a permis d'exécuter les opérations les plus gigantesques !

Pour que la lettre de change, monnaie factice, il est vrai, mais que le commerce ne refuse jamais lorsqu'elle est frappée au bon coin, fût favorablement accueillie, il fallait qu'elle pût circuler librement de main en main, et qu'elle offrît le plus de garanties possibles ; — il fallait donc dégager la cession de la lettre de change des entraves du droit civil, et permettre qu'elle eût lieu par simple endossement ; — il fallait que tous les signataires fussent garants solidaires ; — il fallait une procédure rapide escortée de moyens d'exécution capables de réaliser un prompt paiement ; — il fallait, en un mot, que les dispositions de la loi inspirassent au porteur la plus grande confiance. Tel est l'effet de la loi. Quatre causes principales le produisent : la solidarité, la juridiction commerciale, la contrainte par corps, l'endossement.

L'endossement la fait circuler de main en main comme une monnaie ; la solidarité en est la garantie la plus complète ; la juridiction commerciale met au besoin, d'une manière prompte et économique, dans les mains du créancier les moyens d'exécution, parmi lesquels la contrainte par corps, moyen extraordinaire que le législateur a cru devoir donner comme sanction aux engagements commerciaux, et particulièrement à la lettre de change.

La contrainte par corps!... Elle a été le sujet de vives attaques. Il est certain que l'individu qui s'y soumet engage sa liberté, même son honneur; ainsi l'a décidé l'opinion publique, courtisanne du plus fort qui accable le malheur du poids de sa dédaigneuse pitié, qui stigmatise la servitude forcée et sourit affectueusement à la servitude volontaire. Néanmoins, en vertu de ce gage, le débiteur a trouvé un crédit que souvent il n'aurait pas obtenu sans lui; le créancier y trouve sa sécurité, car celui qui a besoin de sa liberté pour son avenir, pour sa femme et ses enfants; de son honneur pour lui et sa famille, emploie généralement tous les moyens possibles pour se libérer. Il est vrai que celui qui a engagé ainsi sa liberté et son honneur, s'il ne peut payer à l'échéance, s'il a besoin de délai, ne s'appartient plus, et peut devenir une pure machine que le créancier fera fonctionner à son gré. Nous ne pouvons pas en disconvenir; mais nous laissons les moralistes politiques appesantir leur esprit sur les funestes conséquences que ce fait peut engendrer dans un siècle de corruption.... Notre but était seulement de caractériser la contrainte par corps comme moyen d'exécution, relativement à la lettre de change.

La loi française, sur les effets de commerce, offre le mérite de la simplicité et de la clarté; mais elle prête aussi beaucoup à la critique. Ses rédacteurs se sont trop attachés à suivre l'ordonnance de 1673; ils n'ont pas tenu compte des progrès immenses que le commerce des lettres de change a fait en France depuis Louis XIV, et, faute de connaître les usage du commerce, ils ont conservé dans le Code un certain nombre de restrictions établies par l'ordonnance, mais qui depuis avaient été reconnues lui être préjudiciables.

Le développement scientifique du droit de change est resté long-temps stationnaire, à cause de l'habitude des jurisconsultes d'appliquer les dispositions du droit romain à des matières inconnues à la nation qui a fondé ce droit.

Depuis quelque temps, en Allemagne, l'esprit théorique s'est emparé de la lettre de change. On y a senti la nécessité d'une réforme, et l'on a, dans plusieurs états, confié le soin de rédiger des projets à des hommes éminents qui ont étudié avec soin la matière, l'ont éclairée d'un nouveau jour, et dont les discussions serviront, sans doute, à faire apprécier les véritables caractères de la lettre de change, et à poser les principes qui doivent la régir.

Le gouvernement du royaume de Saxe ayant confié, il y a quelques années, à M. Einert, conseiller au ministère de Dresde, la rédaction d'un projet, ce dernier fit paraître un ouvrage dans lequel il développa son système, que nous allons faire connaître. Ce système a été adopté par M. Hofacker, conseiller à la cour suprême de justice, et a présidé à la rédaction d'un Code de commerce pour le royaume de Wurtemberg.

D'après ce système, la lettre de change est destinée à suppléer le papier monnaie; — elle est essentiellement un moyen de paiement; — elle n'a pas pour objet de constater la convention intervenue entre le tireur et le tiré; cette convention est ailleurs et dans des actes étrangers à la lettre de change. — La lettre de change ne constate que l'engagement pris par le tireur envers le public : il faut abandonner l'idée du contrat de change. — La lettre de change pourrait être au porteur. La théorie, basée sur la loi romaine qui regarde le porteur comme un cessionnaire du dernier endosseur, détruit l'essence de l'endossement, et rend inexplicable la position du porteur, auquel on ne peut pas objecter les exceptions opposables aux endosseurs qui le précèdent. L'engagement du tireur n'est pas une cession, car la plupart du temps le tiré ne doit rien au tireur. L'on peut dire que le tireur contracte deux engagements, l'un vis-à-vis du preneur, l'autre vis-à-vis de tous ceux qui pourront devenir porteurs de la lettre, et alors on n'a plus besoin de supposer une cession ; tout porteur réclame le paiement *ex proprio jure,* et non *ex jure cesso.*

Il résulte de ces principes qu'on aurait eu tort d'exiger : 1° la remise d'un lieu sur un autre ; les projets élaborés en Autriche, Prusse et Wurtemberg, n'ont pas conservé cette formalité : en Angleterre, cette mention n'est pas non plus exigée. 2° L'énonciation de la valeur fournie. Du reste, plusieurs auteurs français qui se sont pénétrés de la véritable nature de la lettre de change, par exemple, **MM.** Fréméry (*Études*, p. 121), et Thierriet (*Revue de législation*, 1837), réprouvent cette formalité, qui est contraire aux usages des commerçants, et qui n'est jamais sérieusement exécutée. Les projets préparés en Autriche et en Prusse ne la prescrivent pas ; elle n'est pas non plus exigée en Angleterre, aux États-Unis et en Autriche. 3° Les formalités rigoureuses de l'endossement. — L'endossement en blanc devrait opérer le transfert de la lettre de change ; il en est ainsi en Angleterre, dans les Pays-Bas, en Danemarck, Hongrie, Saxe, Wurtemberg.

On a raison de dire que généralement aujourd'hui la lettre de change ne contient pas le contrat de change. Ce contrat, qu'autrefois le manque de voies de communications, les dangers qu'on courait sur les routes, l'habitude des marchands d'aller acheter dans des lieux éloignés et de payer comptant, et mille autres causes, devaient rendre très-fréquent, a perdu beaucoup de son importance depuis que le transport réel de l'argent n'offre plus le même danger, depuis que les marchands achètent chez eux, ou dans des foires rapprochées, des marchandises ordinairement à crédit, et qu'ils paient sur mandats à leur domicile; depuis qu'il est aussi commode, aussi sûr et souvent moins coûteux d'avoir recours aux messageries qu'à un banquier; depuis enfin que les billets de banque ou autres papiers de cette nature remplacent l'argent d'une manière si commode.

Ainsi donc, le contrat de change, la vente d'une somme d'argent payable dans un autre lieu, ne s'effectue que très-rarement, et la lettre de change n'est généralement qu'un moyen de paiement, et bien souvent aussi qu'une pure obligation. La lettre de change n'est qu'une simple obligation, lorsqu'elle est tirée sur un individu qui n'a pas des fonds appartenant au tireur, ou qui n'est pas son débiteur ; elle est un moyen de paiement, lorsque le tiré est le débiteur ou le dépositaire du tireur; et ce cas, quoiqu'en dise M. Einert, arrive fréquemment : alors la lettre de change est une cession faite par le tireur en faveur du preneur. C'est ici le cas de dire que le système de M. Einert est trop exclusif, car il n'admet pas cette cession ; aussi prétend-il qu'on a tort d'attribuer la provision au porteur, en cas de faillite du tireur, avant l'échéance. La jurisprudence française, qui décide autrement, fait, d'après nous, une juste application d'un principe incontestable.

Dès le moment que la lettre de change ne sert presque jamais à réaliser le contrat de change, on a tort d'exiger *la remise d'un lieu sur un autre.* On a beau vouloir priver une simple obligation, une obligation ordinaire, des effets que la loi attribue exclusivement à la lettre de change. La condition de la remise est facilement éludée et elle n'existe que fictivement sur les trois quarts des lettres de change ; elle n'y existe que parce que les créanciers ou les prêteurs veulent se procurer les garanties de la juridiction commerciale et de la contrainte par corps contre leur débiteur ; elle n'existe que parce que les banquiers veulent profiter des bénéfices énormes que leur procurent les comptes de retour. Quand on regarde les effets de cette remise, quand on voit les frais énormes qu'elle occasionne, on est véritablement effrayé. Il n'est pas de compte de retour, pour la plus petite somme, qui ne se porte au chiffre de 20 fr. ! Les comptes de retour sont un vol manifeste.

La mention de l'espèce de la valeur fournie a été exigée en vue de vérifier plus facilement s'il y avait eu contrat de change. Dès le moment qu'on met de côté l'idée du contrat de change, elle devient superflue; elle est d'ailleurs si facilement éludée, qu'elle n'est plus généralement qu'une entrave inutile.

On a encore raison de vouloir que l'endossement en blanc produise le transport de la lettre de change. Dès le moment que l'on tolère le billet au porteur, qui n'offre pas les mêmes garanties, on ne conçoit pas qu'on puisse proscrire l'endossement en blanc.

Que de bizarreries n'engendre pas le système qui regarde l'endossement en blanc comme une simple procuration!

La lettre de change, sans remise d'un lieu sur un autre, devient une cession, une obligation, si l'on veut, et dèslors on ne pourra pas la distinguer du billet à ordre. — Nous en convenons et nous sommes d'avis qu'on n'aurait pas dû les distinguer, parce que le caractère de billet négociable est le caractère dominant de l'un comme de l'autre de ces effets, et que tous les deux méritent la même faveur. — Mais, dira-t-on, on a voulu réserver pour les transactions civiles une obligation négociable qui n'emportât pas la contrainte par corps. Eh bien! cela était très-facile, on pouvait non pas assimiler le billet à ordre à la lettre de change, mais, au contraire, la lettre de change au billet à ordre; le commerce n'aurait perdu aucune de ses garanties, puisque toute condamnation pour dette commerciale emporte la contrainte par corps; et, d'un autre côté, les simples particuliers auraient pu se servir d'un billet négociable sans s'exposer à la contrainte, puisque une condamnation pour billet à ordre ne l'emporte pas contre eux. —Il est vrai que, sous la loi actuelle, le débiteur peut, au moyen d'une supposition de lieu, simuler la remise de place en place, s'engager sur simple prêt par lettre de change, et, en se soumettant à la contrainte par corps, se procurer un crédit qu'il n'aurait peut-être pas eu sans ce moyen; mais bien mieux vaudrait qu'on lui eût permis de se soumettre à ce mode de poursuite, d'une manière formelle, par simple billet à ordre : car on lui aurait économisé les frais énormes et usuraires du rechange et du compte de retour.

La jurisprudence, tant civile que commerciale, non-seulement semble reconnaître l'impossibilité de constater les suppositions, elle va même jusqu'à les tolérer en quelque sorte. — Sachant bien que le contrat de change n'existe presque jamais en réalité, elle le maintient néanmoins dans l'unique but de se montrer favorable à un engagement qui paraît utile au crédit des particuliers.

Dans un arrêt rendu par la cour royale de Toulouse, le 28 février 1846, entre autres considérants je lis celui-ci : « Attendu que le billet à domicile est tiré de Toulouse et payable à Lille, *que d'ailleurs les parties ont manifestement voulu lui donner ce caractère, alors que P. exigeait d'un individu, dont il connaissait peu sa solvabilité, un billet tiré de Toulouse payable à Lille, afin qu'il eût tous les caractères d'une véritable négociation de place en place, et que toutes les conséquences qui en résultent s'y trouvassent attachées.* » — En présence de l'art. 2063 du Code civil, qui défend de consentir des actes soumettant à la contrainte par corps, hors des cas déterminés par la loi, comment la cour royale, qui ne devait examiner que le fait matériel de la remise, et à laquelle la volonté et l'exigeance du débiteur aurait dû rendre suspecte la stipulation contenant la remise, s'est-elle appuyée, au contraire, sur l'intérêt et la volonté des contractants? N'est-ce pas évidemment parce que la lettre de change, dans nos usages actuels, au lieu d'être l'instrument du contrat de change est devenue une obligation commerciale, par la seule volonté des parties?....

On nous pardonnera d'avoir donné ces quelques détails, que nous regardons comme un hors-d'œuvre dans cet ouvrage, mais qui néanmoins auront peut-être pour résultat de faire réfléchir quelques esprits sérieux. — Nous espérons que l'on finira par comprendre que les nombreux procès engendrés par les discussions relatives aux effets de commerce, ont pour cause principale le manque de système et le défaut d'harmonie dans la loi, et nous faisons des vœux pour que cette matière soit, comme elle l'a été en Allemagne, refondue et mise en harmonie avec les besoins actuels du commerce.

En attendant, il faut appliquer la loi telle qu'elle est, malgré ses inconvénients ; nous ne sommes pas de ceux qui prétendent qu'une jurisprudence *progressive* peut la modifier : *dura sed scripta lex !*

Quoiqu'en aient dit les docteurs allemands, quoique nous en ayons dit nous-mêmes, si le change est moins fréquent qu'autrefois, il n'est pas moins vrai qu'il existe encore. — La lettre de change, d'ailleurs, qui lui a dû le jour ne cherche-t-elle pas, en fille reconnaissante, à agrandir son action, en exigeant la remise de place en place, et en donnant lieu au rechange ? — Nous croyons donc devoir, avant de terminer, donner, relativement à cette opération commerciale, quelques notions que nous avons puisées dans M. Merlin (*Répert.*, v° *Lettre et Billet de Change*), et dans M. Nouguier (*Des tribunaux de commerce*, t. 1, p. 454-455).

On entend par *cours actuel du change*, le prix auquel

sont les lettres de change pour faire des remises d'une place à une autre.

Le *pair* du change est fondé sur une proportion arithmétique du titre, du poids et de la valeur numérique des espèces réelles d'or et d'argent reçues en paiement. — On dit que le change est au *pair*, lorsque le même titre et le même poids d'argent dans un pays rendent le même poids et le même titre dans un autre.

Quand on dit qu'il y a rareté ou abondance d'argent dans un pays ou sur une place, on n'entend pas parler de la rareté ou de l'abondance réelle, mais d'une rareté ou abondance relative. Par exemple, quand la France a plus besoin d'avoir des fonds en Hollande, que les Hollandais n'ont besoin d'en avoir en France, l'argent est appelé *commun* en France et *rare* en Hollande, et réciproquement.

Comme celui qui s'engage dans un lieu à faire compter de l'argent dans un autre doit donner une lettre de change pour le montant de cet argent, pour juger de la rareté ou de l'abondance de l'argent, il faut savoir s'il y a en France plus d'*écus* destinés pour la Hollande qu'il n'y a de lettres de change; s'il y a beaucoup de lettres offertes par les Hollandais, et peu d'écus offerts par les Français, l'argent est rare en France et commun en Hollande. Donc, il faut que le change *hausse* et que, pour votre écu, on vous donne plus que le prix du change réel. Si l'argent était commun en France et rare en Hollande, le change serait *bas*, et on vous donnerait moins que le prix du change réel.

Si, chose bien difficile, mais possible, cependant les négociants de Paris doivent à ceux de Lyon exactement la même somme qui leur est due par ceux-ci, comme il y aurait dans chacune de ces villes autant de titres de créance de l'une sur l'autre, le cours du change serait au *pair*, et on ne perdrait ni ne gagnerait à donner ou à recevoir du papier de l'une de ces places sur l'autre. — Si, au contraire, Paris doit à Lyon plus qu'il ne lui est dû, comme il y aura à Paris moins de papiers sur Lyon qu'on n'en trouverait à Lyon sur Paris, le change sera contre cette dernière place et *pour* l'autre place. — Dans ce dernier cas, en prenant à Paris dix mille francs sur Lyon, je paierai, en sus du capital, un change qui sera en rapport avec la différence entre les dettes et les créances respectives.

Lorsque, au lieu de prendre directement du papier sur une place, on emploie l'entremise d'une troisième place, on est obligé de combiner les divers éléments du change de ces places les uns à l'égard des autres. Cette combinaison

ou assemblage, qui se nomme arbitrage, se fait au moyen
d'une opération arithmétique appelée règle composée,
et a pour but de connaître la place la plus avantageuse
pour tirer ou pour remettre.

Auteurs qui ont été principalement consultés et cités.

NOUGUIER, avocat à la cour reyale de Paris, *Des lettres de change*, 2 vol. in-8°, 1839.

BRAVARD-VEYRIÈRES, professeur de droit commercial à la faculté de droit de Paris, *Manuel de droit commercial*, Paris, 1840.

DEVILLENEUVE et MASSÉ, *Dictionnaire du contentieux commercial*, Paris, 1840.

PERSIL, *De la lettre de change et du billet à ordre*, Paris, 1837.

PARDESSUS, *Cours de droit commercial*, 3me édition.

HORSON, *Questions sur le Code de commerce*, Paris, 1830.

VINCENS, *Législation commerciale*, Paris, 1834.

NOUGUIER, *Des tribunaux de commerce*, Paris, 1844.

MASSÉ, avocat à la cour royale de Paris, *Le droit commercial dans ses rapports avec le droit des gens et le droit civil*, Paris, 1844.

ORILLARD, avocat à la cour royale de Poitiers, *De la compétence des tribunaux de commerce*, Paris, 1841.

CODE DE COMMERCE.

LIVRE PREMIER.

TITRE VIII.

De la Lettre de Change, du Billet à ordre et de la Prescription.

SECTION PREMIÈRE.

De la Lettre de Change.

§ I. *De la Forme de la Lettre de Change.*

110. La lettre de change est tirée d'un lieu sur un autre. — Elle est datée. — Elle énonce — la somme à payer, — le nom de celui qui doit payer, — l'époque et le lieu où le paiement doit s'effectuer ; — la valeur fournie en espèces, en marchandises, en compte, ou de toute autre manière. — Elle est à l'ordre d'un tiers, ou à l'ordre du tireur lui-même. — Si elle est par première, deuxième, troisième, quatrième, etc., elle l'exprime.

111. Une lettre de change peut être tirée sur un individu, et payable au domicile d'un tiers. — Elle peut être tirée par ordre et pour le compte d'un tiers.

112. Sont réputées simples promesses toutes lettres de change contenant supposition, soit de nom, soit de qualité, soit de domicile, soit des lieux d'où elles sont tirées ou dans lesquels elles sont payables.

1

113. La signature des femmes et des filles non négociantes ou marchandes publiques sur lettres de change ne vaut, à leur égard, que comme simple promesse.

114. Les lettres de change souscrites par des mineurs non négociants sont nulles à leur égard, sauf les droits respectifs des parties, conformément à l'art. 1312 du Code civil.

§ II. *De la Provision.*

115. La provision doit être faite par le tireur, ou par celui pour le compte de qui la lettre de change sera tirée, sans que le tireur cesse d'être personnellement obligé (1).

116. Il y a provision si, à l'échéance de la lettre de change, celui sur qui elle est fournie est redevable au tireur, ou à celui pour le compte de qui elle est tirée, d'une somme au moins égale au montant de la lettre de change.

117. L'acceptation suppose la provision. — Elle en établit la preuve à l'égard des endosseurs, — soit qu'il y ait ou non acceptation, le tireur seul est tenu de prouver, en cas de dénégation, que ceux sur qui la lettre de change était tirée avaient provision à l'échéance, sinon il est tenu de la garantir quoique le protêt ait été fait après les délais fixés.

§ III. *De l'Acceptation.*

118. Le tireur et les endosseurs d'une lettre de change sont garants solidaires de l'acceptation et du paiement à l'échéance.

119. Le refus d'acceptation est constaté par un acte que l'on nomme *protêt faute d'acceptation.*

(1) Ajoutez « envers les endosseurs et le porteur seulement. » (Loi du 19 mars 1817.)

120. Sur la notification du protêt faute d'acceptation, les endosseurs et le tireur sont respectivement tenus de donner caution pour assurer le paiement de la lettre de change à son échéance, ou d'en effectuer le remboursement avec les frais de protêt et de rechange.—La caution, soit du tireur, soit de l'endosseur, n'est solidaire qu'avec celui qu'elle a cautionné.

121. Celui qui accepte une lettre de change contracte l'obligation d'en payer le montant. — L'accepteur n'est pas restituable contre son acceptation, quand même le tireur aurait failli à son insu avant qu'il eût accepté.

122. L'acceptation d'une lettre de change doit être signée. — L'acceptation est exprimée par le mot *accepté.* —Elle est datée, si la lettre est à un ou plusieurs jours ou mois de vue. — Et, dans ce dernier cas, le défaut de date de l'acceptation rend la lettre exigible au terme y exprimé à compter de sa date.

123. L'acceptation d'une lettre de change, payable dans un autre lieu que celui de la résidence de l'accepteur, indique le domicile où le paiement doit être effectué, ou les diligences faites.

124. L'acceptation ne peut être conditionnelle; mais elle peut être restreinte quant à la somme acceptée. Dans ce cas, le porteur est tenu de faire protester la lettre de change pour le surplus.

125. Une lettre de change doit être acceptée à sa présentation, ou, au plus tard, dans les vingt-quatre heures de la présentation. —Après les vingt-quatre heures, si elle n'est pas rendue acceptée ou non acceptée, celui qui l'a retenue est passible de dommages-intérêts envers le porteur.

§ IV. *De l'Acceptation par intervention.*

126. Lors du protêt faute d'acceptation, la lettre de change peut être acceptée par un tiers intervenant pour le tireur ou pour l'un des endosseurs. — L'intervention est mentionnée dans l'acte du protêt; elle est signée par l'intervenant.

127. L'intervenant est tenu de notifier, sans délai, son intervention à celui pour qui il est intervenu.

128. Le porteur de la lettre de change conserve tous ses droits contre le tireur et les endosseurs, à raison du défaut d'acceptation par celui sur qui la lettre a été tirée nonobstant toutes acceptations par intervention.

§ V. *De l'Echéance.*

129. Une lettre de change peut être tirée à vue :

à un ou plusieurs jours
à un ou plusieurs mois   } de vue ;
à une ou plusieurs usances

à un ou plusieurs jours
à un ou plusieurs mois   } de date ;
à une ou plusieurs usances

à jour fixe ou à jour déterminé en foire.

130. La lettre de change à vue est payable à sa présentation.

131. L'échéance d'une lettre de change :

à un ou plusieurs jours
à un ou plusieurs mois   } de vue,
à une ou plusieurs usances

est fixée par la date de l'acceptation, ou par celle du protêt faute d'acceptation.

132. L'usance est de trente jours, qui courent du lendemain de la date de la lettre de change. — Les mois sont tels qu'ils sont fixés par le calendrier grégorien.

133. Une lettre de change payable en foire est échue la veille du jour fixé pour la clôture de la foire, ou le jour de la foire, si elle ne dure qu'un jour.

134. Si l'échéance d'un lettre de change est à un jour férié légal, elle est payable la veille.

135. Tous délais de grâce, de faveur, d'usage ou d'habitude locale pour le paiement des lettres de change sont abrogés.

§ VI. *De l'Endossement.*

136. La propriété d'une lettre de change se transmet par la voie de l'endossement.

137. L'endossement est daté. — Il exprime la valeur fournie. — Il énonce le nom de celui à l'ordre de qui il est passé.

138. Si l'endossement n'est pas conforme aux dispositions de l'article précédent, il n'opère pas le transport; il n'est qu'une procuration.

139. Il est défendu d'antidater les ordres à peine de faux.

§ VII. *De la Solidarité.*

140. Tous ceux qui ont signé, accepté ou endossé une lettre de change sont tenus à la garantie solidaire envers le porteur.

§ VIII. *De l'Aval.*

141. Le paiement d'une lettre de change, indépendam-

ment de l'acceptation et de l'endossement, peut être garanti par un aval.

142. Cette garantie est fournie par un tiers sur la lettre même ou par acte séparé. — Le donneur d'aval est tenu solidairement et par les mêmes voies que le tireur et endosseur, sauf les conventions différentes des parties.

§ IX. *Du Paiement.*

143. Une lettre de change doit être payée dans la monnaie qu'elle indique.

144. Celui qui paie une lettre de change avant son échéance est responsable de la validité du paiement.

145. Celui qui paie une lettre de change à son échéance et sans opposition est présumé valablement libéré.

146. Le porteur d'une lettre de change ne peut être contraint d'en recevoir le paiement avant l'échéance.

147. Le paiement d'une lettre de change fait sur une seconde, troisième, quatrième, etc., est valable lorsque la seconde, troisième, quatrième, etc., porte que ce paiement annulle l'effet des autres.

148. Celui qui paie une lettre de change sur une seconde, troisième, quatrième, etc., sans retirer celle sur laquelle se trouve son acceptation, n'opère point sa libération à l'égard du tiers porteur de son acceptation.

149. Il n'est admis d'opposition au paiement qu'en cas de perte de la lettre de change ou de la faillite du porteur.

150. En cas de perte d'une lettre de change *non acceptée*, celui à qui elle appartient peut en poursuivre le paiement sur une seconde, troisième, quatrième, etc.

151. Si la lettre de change perdue est revêtue de l'accep-

tation, le paiement ne peut en être exigé sur une seconde, troisième, quatrième, etc., que par ordonnance du juge, et en donnant caution.

152. Si celui qui a perdu la lettre de change, qu'elle soit acceptée ou non, ne peut représenter la seconde, troisième, quatrième, etc., il peut demander le paiement de la lettre de change perdue, et l'obtenir par l'ordonnance du juge en justifiant de sa propriété par ses livres, et en donnant caution.

153. En cas de refus de paiement, sur la demande formée en vertu des deux articles précédents, le propriétaire de la lettre de change perdue conserve tous ses droits par un acte de protestation. — Cet acte doit être fait le lendemain de l'échéance de la lettre de change perdue. — Il doit être notifié aux tireur et endosseurs, dans les formes et délais prescrits ci-après pour la notification du protêt.

154. Le propriétaire de la lettre de change égarée doit, pour s'en procurer la seconde, s'adresser à son endosseur immédiat, qui est tenu de lui prêter son nom et ses soins pour agir envers son propre endosseur ; et ainsi en remontant d'endosseur en endosseur jusqu'au tireur de la lettre. Le propriétaire de la lettre de change égarée supportera les frais.

155. L'engagement de la caution mentionné dans les art. 151 et 152 est éteint après trois ans si, pendant ce temps, il n'y a eu ni demandes ni poursuites juridiques.

156. Les paiements faits à compte sur le montant d'une lettre de change sont à la décharge des tireur et endosseurs. — Le porteur est tenu de faire protester la lettre de change pour le surplus.

157. Les juges ne peuvent accorder aucun délai pour le paiement d'une lettre de change.

§ X. *Du Paiement par intervention.*

158. Une lettre de change protestée peut être payée par tout intervenant pour le tireur ou pour l'un des endosseurs. — L'intervention et le paiement seront constatés dans l'acte de protêt ou à la suite de l'acte.

159. Celui qui paie une lettre de change par intervention est subrogé aux droits du porteur, et tenu des mêmes devoirs pour les formalités à remplir. — Si le paiement par intervention est fait pour le compte du tireur, tous les endosseurs sont libérés. — S'il est fait pour un endosseur, les endosseurs subséquents sont libérés. — S'il y a concurrence pour le paiement d'une lettre de change par intervention, celui qui opère le plus de libération est préféré. — Si celui sur qui la lettre serait originairement tirée, et sur qui a été fait le protêt faute d'acceptation, se présente pour la payer, il sera préféré à tous autres.

§ XI. *Des Droits et Devoirs du Porteur.*

160. Le porteur d'une lettre de change tirée du continent et des îles de l'Europe, et payable dans les possessions européennes de la France, soit à vue, soit à un ou plusieurs jours, ou mois, ou usances de vue, doit en exiger le paiement ou l'acceptation dans les six mois de sa date, sous peine de perdre son recours sur les endosseurs, et même sur le tireur si celui-ci a fait provision. — Le délai est de huit mois pour la lettre de change tirée des Echelles du Levant et des côtes septentrionales de l'Afrique sur les possessions européennes de la France ; et réciproquement du continent et des îles de l'Europe sur les établissements français aux Echelles du Levant, et aux côtes septentrionales de l'Afrique. — Le délai est d'un an pour les lettres de change tirées des côtes occidentales de l'Afrique, jusque et y compris le Cap-de-Bonne-Espérance. — Il est aussi d'un an pour les lettres de change tirées du continent et des îles des Indes occidentales sur les possessions européennes de la France ; et réciproquement du continent et des îles de l'Europe sur les possessions françaises, ou établissements français aux côtes occidentales de l'Afrique, au continent et aux îles des Indes occidentales. — Le délai est de deux ans pour lettres de change tirées du continent et des îles des Indes orientales sur les possessions européennes de la France ; et réciproquement du continent et des îles de l'Europe sur les possessions françaises, ou établissements français au continent et aux îles des Indes orientales (1). — Les délais ci-dessus de huit mois, d'un an et de deux ans, sont doublés en temps de guerre maritime (2).

161. Le porteur d'une lettre de change doit en exiger le paiement le jour de son échéance.

162. Le refus de paiement doit être constaté, le lende-

(1) La même déchéance aura lieu contre le porteur d'une lettre de change à vue tirée de France, des possessions ou établissements français, et payable dans les pays étrangers, qui n'en exigera pas le paiement ou l'acceptation dans les délais ci-dessus prescrits pour chacune des distances respectives (Loi du 19 mars 1817, art. 2).

(2) Les dispositions ci-dessus ne préjudicieront néanmoins pas aux stipulations contraires qui pourraient intervenir entre le preneur, le tireur et même les endosseurs (*Ibid.*).

main du jour de l'échéance, par un acte que l'on nomme *protêt faute de paiement.* — Si ce jour est un jour férié légal, le protêt est fait le jour suivant.

163. Le porteur n'est dispensé du protêt faute de paiement ni par le protêt faute d'acceptation, ni par la mort ou faillite de celui sur qui la lettre de change est tirée. — Dans le cas de faillite de l'accepteur avant l'échéance, le porteur peut faire protester et exercer son recours.

164. Le porteur d'une lettre de change protestée faute de paiement peut exercer son action en garantie, — ou individuellement contre le tireur et chacun des endosseurs; — ou collectivement contre les endosseurs et le tireur. — La même faculté existe pour chacun des endosseurs à l'égard du tireur et des endosseurs qui le précèdent.

165. Si le porteur exerce le recours individuellement contre son cédant, il doit lui faire notifier le protêt, et, à défaut de remboursement, le faire citer en jugement dans les quinze jours qui suivent la date du protêt, si celui-ci réside dans la distance de cinq myriamètres. — Ce délai, à l'égard du cédant domicilié à plus de cinq myriamètres de l'endroit où la lettre de change était payable, sera augmenté d'un jour par deux myriamètres et demi excédant les cinq myriamètres.

166. Les lettres de change tirées de France et payables hors du territoire continental de la France, en Europe, étant protestées, les tireurs et endosseurs résidant en France seront poursuivis dans les délais ci-après : — de deux mois pour celles qui étaient payables en Corse, dans l'île d'Elbe ou de Capraja, en Angleterre et dans les états limitrophes de la France; — de quatre mois pour celles qui étaient payables dans les autres états de l'Europe; —

de six mois pour celles qui étaient payables aux Echelles du Levant et sur les côtes septentrionales de l'Afrique ; — d'un an pour celles qui étaient payables aux côtes occidentales de l'Afrique, jusque et compris le Cap-de-Bonne-Espérance, et dans les Indes occidentales ; — de deux ans pour celles qui étaient payables dans les Indes orientales. —Ces délais seront également observés dans les mêmes proportions pour le recours à exercer contre les tireurs et endosseurs résidant dans les possessions françaises situées hors d'Europe. — Les délais ci-dessus, de six mois, d'un an et de deux ans, seront doublés en temps de guerre maritime.

167. Si le porteur exerce son recours collectivement contre les endosseurs et le tireur, il jouit, à l'égard de chacun d'eux, du délai déterminé par les articles précédents. — Chacun des endosseurs a le droit d'exercer le même recours, ou individuellement, ou collectivement, dans le même délai. —A leur égard, le délai court du lendemain de la date de la citation en justice.

168. Après l'expiration des délais ci-dessus, — pour la présentation de la lettre de change à vue, ou à un ou plusieurs jours, ou mois, ou usances de vue ; — pour le protêt faute de paiement ; — pour l'exercice de l'action en garantie ; — le porteur de la lettre de change est déchu de tous droits contre les endosseurs.

169. Les endosseurs sont également déchus de toute action en garantie contre leurs cédants après les délais ci-dessus prescrits, chacun en ce qui le concerne.

170. La même déchéance a lieu contre le porteur et les endosseurs, à l'égard du tireur lui-même, si ce dernier justifie qu'il y avait provision à l'échéance de la lettre de

change. — Le porteur, dans ce cas, ne conserve d'action que contre celui sur qui la lettre était tirée.

171. Les effets de la déchéance prononcée par les trois articles précédents cessent, en faveur du porteur, contre le tireur, ou contre celui des endosseurs qui, après l'expiration des délais fixés pour le protêt, la notification du protêt ou la citation en jugement, a reçu, par compte, compensation ou autrement, les fonds destinés au paiement de la lettre de change.

172. Indépendamment des formalités prescrites pour l'exercice de l'action en garantie, le porteur d'une lettre de change protestée faute de paiement peut, en obtenant la permission du juge, saisir conservatoirement les effets mobiliers des tireur, accepteurs et endosseurs.

§ XII. *Des Protêts.*

173. Les protêts faute d'acceptation ou de paiement sont faits par deux notaires, ou par un notaire et deux témoins, ou par un huissier et deux témoins. — Le protêt doit être fait — au domicile de celui sur qui la lettre de change était payable, ou à son dernier domicile connu; — au domicile des personnes indiquées par la lettre de change pour la payer au besoin; — au domicile du tiers qui a accepté par intervention; le tout par un seul et même acte. — En cas de fausse indication de domicile, le protêt est précédé d'un acte de perquisition.

174. L'acte de protêt contient — la transcription littérale de la lettre de change, de l'acceptation, des endossements, et des recommandations qui y sont indiqués; — la sommation de payer le montant de la lettre de change. —

Il énonce — la présence ou l'absence de celui qui doit payer ; — les motifs du refus de payer, et l'impuissance ou le refus de signer.

175. Nul acte, de la part du porteur de la lettre de change, ne peut suppléer l'acte de protêt, hors le cas prévu par les articles 150 et suivants, touchant la perte de la lettre de change.

176. Les notaires et les huissiers sont tenus, à peine de destitution, dépens, dommages-intérêts envers les parties, de laisser copie exacte des protêts, et de les incrire en entier, jour par jour et par ordre de dates, dans un registre particulier, coté, paraphé et tenu dans les formes prescrites pour les répertoires.

§ XIII. *Du Rechange.*

177. Le rechange s'effectue par une retraite.

178. La retraite est une nouvelle lettre de change, au moyen de laquelle le porteur se rembourse sur le tireur, ou sur l'un des endosseurs, du principal de la lettre protestée, de ses frais, et du nouveau change qu'il paie.

179. Le rechange se règle, à l'égard du tireur, par le cours du change du lieu où la lettre de change était payable sur le lieu d'où elle a été tirée. Il se règle, à l'égard des endosseurs, par le cours du change du lieu où la lettre de change a été remise ou négociée par eux, sur le lieu où le remboursement s'effectue.

180. La retraite est accompagnée d'un compte de retour.

181. Le compte de retour comprend — le principal de la lettre de change protestée ; — les frais de protêt et au-

tres frais légitimes, tels que commission de banque, courtage, timbre et port de lettre. — Il énonce le nom de celui sur qui la retraite est faite, et le prix du change auquel elle est négociée. — Il est certifié par un agent de change. — Dans les lieux où il n'y a pas d'agent de change, il est certifié par deux commerçants. — Il est accompagné de la lettre de change protestée, du protêt, ou d'une expédition de l'acte de protêt. — Dans le cas où la retraite est faite sur l'un des endosseurs, elle est accompagnée, en outre, d'un certificat qui constate le cours du change du lieu où la lettre de change était payable sur le lieu d'où elle a été tirée.

182. Il ne peut être fait plusieurs comptes de retour sur une même lettre de change. — Ce compte de retour est remboursé d'endosseur en endosseur, respectivement et définitivement, par le tireur.

183. Les rechanges ne peuvent être cumulés. Chaque endosseur n'en supporte qu'un seul, ainsi que le tireur.

184. L'intérêt du principal de la lettre de change protestée faute de paiement est dû à compter du jour du protêt.

185. L'intérêt des frais de protêt, rechange et autres frais légitimes n'est dû qu'à compter du jour de la demande en justice.

186. Il n'est point dû de rechange si le compte de retour n'est pas accompagné de certificats d'agents de change ou de commerçants, prescrits par l'article 181.

SECTION DEUXIÈME.

Du Billet à Ordre.

187. Toutes les dispositions relatives aux lettres de change, et concernant l'échéance, l'endossement, la solidarité, l'aval, le paiement, le paiement par intervention, le protêt, les devoirs et droits du porteur, le rechange ou les intérêts, sont applicables aux billets à ordre, sans préjudice des dispositions relatives aux cas prévus par les articles 636, 637 et 638.

188. Le billet à ordre est daté. — Il énonce — la somme à payer, — le nom de celui à l'ordre de qui il est souscrit, — l'époque à laquelle le paiement doit s'effectuer, — la valeur qui a été fournie en espèces, en marchandises, en compte, ou de toute autre manière.

SECTION TROISIÈME.

De la Prescription.

189. Toutes actions relatives aux lettres de change, et à ceux des billets à ordre souscrits par des négociants, marchands ou banquiers, ou pour faits de commerce, se prescrivent par cinq ans, à compter du jour du protêt, ou de la dernière poursuite juridique, s'il n'y a eu condamnation, ou si la lettre n'a été reconnue, par acte séparé. — Néanmoins, les prétendus débiteurs seront tenus, s'ils en sont requis, d'affirmer, sous serment, qu'ils ne sont plus redevables, et leurs veuves, héritiers ou ayant-cause, qu'ils estiment de bonne foi qu'il n'est plus rien dû.

LIVRE QUATRIÈME.

TITRE II.

De la Compétence des Tribunaux de commerce.

631. Les tribunaux de commerce connaîtront, — 1° de toutes contestations relatives aux engagements et transactions entre négociants, marchands et banquiers; — 2° entre toutes personnes, des contestations relatives aux actes de commerce.

632. La loi répute acte de commerce — tout achat de denrées et marchandises pour les revendre, soit en nature, soit après les avoir travaillées et mises en œuvre, ou même pour en louer simplement l'usage; — toute entreprise de manufactures, de commission, de transport par terre ou par eau; — toute entreprise de fournitures, d'agences, bureaux d'affaires, établissements de vente à l'encan, de spectacles publics; — toute opération de change, banque et courtage; — toutes les opérations de banques publiques; — toutes obligations entre négociants, marchands et banquiers; — entre toutes personnes, les lettres de change ou remises d'argent faites de place en place.

636. Lorsque les lettres de change ne seront réputées que simples promesses, aux termes de l'article 112, ou lorsque les billets à ordre ne porteront que des signatures d'individus non négociants, et n'auront pas pour occasion des opérations de commerce, trafic, change, banque ou courtage, le tribunal de commerce sera tenu de renvoyer au tribunal civil, s'il en est requis par le défendeur.

637. Lorsque ces lettres de change et ces billets à ordre

porteront en même temps des signatures d'individus négociants et d'individus non négociants, le tribunal de commerce en connaîtra; mais il ne pourra prononcer la contrainte par corps contre les individus non négociants, à moins qu'ils ne se soient engagés à l'occasion d'opérations de commerce, trafic, change, banque ou courtage.

638. Ne seront point de la compétence des tribunaux de commerce — les actions intentées contre un propriétaire, cultivateur ou vigneron, pour ventes de denrées provenant de son crû; — les actions intentées contre un commerçant pour paiement de denrées et marchandises achetées pour son usage particulier. — Néanmoins, les billets souscrits par un commerçant seront censés faits pour son commerce; et ceux des receveurs, payeurs, percepteurs ou autres comptables de deniers publics, seront censés faits pour leur gestion, lorsqu'une autre cause n'y sera point énoncée.

TRAITÉ

DE

LA LETTRE DE CHANGE,

DU BILLET A ORDRE, ETC.

LIVRE PREMIER.

Du Contrat et de la Lettre de Change.

CHAPITRE Ier.

Du Contrat de change.

SECTION PREMIÈRE.

Caractères du Contrat de change.

Le contrat de change est une convention par laquelle une personne s'engage envers une autre, moyennant une valeur qu'elle en reçoit ou doit en recevoir, à lui faire toucher telle somme à telle époque, dans un lieu autre que celui où le contrat est formé.

Ce contrat exige donc nécessairement :

1° Une somme que l'une des parties s'engage à faire toucher à l'autre ;

2° Une valeur que celle-ci fournit ou s'engage à fournir ;

3° La remise d'un lieu sur un autre. — Il n'y aurait pas contrat de change, si la somme promise et la valeur fournie, ou à fournir en retour, étaient livrées dans le même lieu.

Le contrat de change est :

Consensuel et non solennel, c'est-à-dire que le consentement, pour produire son effet, n'est assujéti à aucune forme spéciale;

Synallagmatique; car chacune des parties s'oblige envers l'autre par le contrat même;

A titre onéreux; car chacun des contractants n'est mu que par la vue de son intérêt propre;

Du droit des gens; car il n'admet aucune distinction tirée de la nationalité des personnes.

« Le contrat de change, dit M. Dalloz (*Répertoire alphabétique,* v° *Effets de commerce,* première section, art. 1er), est un contrat particulier qui a ses règles propres. On doit donc se garder de la préoccupation de certains auteurs, qui, à cause des analogies que ce contrat peut avoir avec d'autres, ont voulu en faire un dérivé de chacun de ces divers contrats, suivant les points de vue où ils se sont placés. Comme l'opération que le change a pour objet est complexe, qu'elle nécessite des intermédiaires, et qu'elle opère des transmissions de propriété, certaines règles du mandat, de la vente, du cautionnement, sont sans doute applicables à ce contrat; mais elles sont souvent modifiées par des principes particuliers, qui font du contrat de change une convention d'une nature spéciale. »

Le contrat de change qui est synallagmatique, ne doit pas être confondu avec le contrat de prêt qui est unilatéral. La jurisprudence a sanctionné ce principe, en décidant notamment que, dans le contrat de change, l'escompte peut, sans être usuraire, excéder le taux légal de l'intérêt (Cour de cassation, 9 février 1828. — Cour royale de Paris, 5 avril 1830).

Ce contrat, constituant une opération commerciale, peut être prouvé tant par titres que par témoins.

SECTION DEUXIÈME.

Effets du Contrat de change.

Une fois le contrat de change formé, il doit être exécuté sous peine de dommages-intérêts, et ne peut se résoudre ou se modifier que du commun accord des parties contractantes. — Cependant, lorsque les modifications demandées ne peuvent intéresser ni léser le tireur, l'usage, basé sur l'intérêt du commerce, a établi que ce dernier n'avait pas le droit de les refuser.

Tout individu qui fait partie du contrat de change, à quel titre que ce soit, comme débiteur ou comme caution, qu'il ne soit ni marchand, ni banquier de profession, est justiciable des tribunaux de commerce; il engage sa liberté individuelle pour la fidélité et l'exactitude du paiement; il est contraignable par corps. — En effet, toute opération de change est réputée, d'après l'art. 632 du Code de commerce, acte de commerce; et l'art. 1er de la loi du 17 avril 1832, porte que la contrainte par corps sera prononcée contre toute personne condamnée pour dette commerciale ou paiement d'une somme principale de 200 fr. et au-dessus.

L'obligation de faire toucher la somme au lieu et à l'époque indiqués, se réalise le plus souvent par la délivrance d'une lettre de change.

La lettre de change est, d'après le système de la loi, le mode d'exécution du contrat de change dont elle tire son nom. — Elle ne doit pas être confondue avec ce dernier ; — tandis, par exemple, que les droits que donne une lettre de change sont *éteints* au bout de cinq ans, la convention de change ne se prescrit que comme un contrat ordinaire.

En l'absence de convention à cet égard, le tireur peut être tenu de donner plusieurs exemplaires de lettres de change, sauf à lui à prendre les précautions nécessaires pour empêcher l'abus.

Lorsque le contrat a été exécuté et les lettres de change remises, celui qui a souscrit la lettre de change est soumis aux effets que la loi attribue à cet acte.

CHAPITRE II.

De la Lettre de Change.

1° *Définition-forme ; —* 2° *Caractères essentiels de la Lettre de Change, du nombre des personnes qui doivent y intervenir, et de leur position respective ; —* 3° *Capacité requise pour y intervenir.*

Section première.

Définition-forme.

« La lettre de change peut être définie : un acte solennel, en forme de lettre, par lequel le souscripteur (qu'on appelle *tireur*) mande à une personne résidant dans un autre lieu (qu'on appelle *tiré*), de payer une certaine somme à celui au profit de qui la lettre est souscrite et qui en a fourni le montant (qu'on appelle *preneur* ou *donneur de valeur*), ou au cessionnaire de ce dernier (qu'on appelle *porteur*). »

MODÈLE.

Toulouse, le (la date). — *Bon pour fr.* **1,000.**

Dans trois mois, à dater de ce jour, je vous prie payer par cette lettre de change, à **M. B....** ou à son ordre, la somme de mille francs, valeur de lui reçue comptant, que passerez (*avec ou sans avis*) de

A M. R.... négociant à Lyon.

(*La signature.*)

L'écriture est de l'essence de la lettre de change.

La lettre de change peut être faite par acte sous seing-privé, ou par acte devant notaire. — **Dans** ce dernier cas, elle doit être enregistrée dans les mêmes délais que les autres actes notariés (**Arrêt** de cassation du **28** janvier **1835.** — Sirey, t. 35-1-527).

Lorsqu'elle est sous seing-privé, elle n'est soumise à la formalité de l'enregistrement qu'en cas de protêt et en même temps que l'assignation.

La lettre de change doit être écrite sur papier timbré sous peine d'amende (1).

---

(1) D'après les lois du 24 mai 1834, art. 18, et 20 juillet 1837, art. 16, le droit proportionnel de timbre sur les lettres de change et billets à ordre, sur les billets et obligations non négociables, est de 15 cent. pour ceux de 300 fr. et au-dessous; de 25 cent. pour ceux de 300 fr. à 500 fr.; de 50 cent. pour ceux de 500 fr. à 1,000 fr.; et de 50 cent. par 1,000 fr. pour ceux au-dessus de 1,000 fr.

Art. 19 de la loi du 24 mai 1834 : « L'amende due en cas de contravention sur le timbre proportionnel, par le souscripteur d'une lettre de change ou d'un billet à ordre, d'un billet ou d'une obligation non négo-

« La lettre de change et tous les actes qui s'y rattachent sont régis, quant aux formalités extrinsèques, par la loi du lieu où ils ont été passés, *locus regit actum.* » (Pardessus, n° 1495; Vincens, *Législation commerciale*, t. 11, p. 182; Nouguier, t. 1, p. 477; Massé, t. 2, n° 104.)

Il n'est pas nécessaire que la lettre de change soit écrite en entier de la main du souscripteur. Une jurisprudence constante a même décidé qu'il n'était pas besoin que la signature de ce dernier fût précédée du *bon* ou *approuvé*, portant en toutes lettres la somme ou la quantité de la chose, alors même qu'il ne se trouverait dans aucune des catégories d'exception énoncées dans l'art. 1326 du Code civil. — On a cru devoir déroger à cet article, pour favoriser le contrat de change. — M. Merlin (*Répertoire*, v° *Ordre (billet à)* justifie ainsi, en droit, cette déroga-

ciable et qui était fixée au vingtième (5 p. %) du montant des sommes exprimées dans lesdits actes, est portée à 6 p. % du montant des mêmes sommes. L'accepteur d'une lettre de change qui n'aura pas été écrite sur papier du timbre prescrit, ou qui n'aura point été visée pour timbre, sera soumis à une amende de même quotité, indépendamment de celle encourue par le souscripteur. — A défaut d'accepteur, cette amende sera due par le premier endosseur.

Art. 20 de la même loi : « Une amende semblable sera due par le premier endosseur d'un billet à ordre, et par le premier cessionnaire d'un billet ou obligation non négociable, qui aura été souscrit en contravention aux lois sur le timbre.

Art. 21 de la même loi : « Lorsqu'une lettre de change, ou un billet à ordre, venant, soit de l'étranger, soit des îles ou des colonies, dans lesquelles le timbre ne serait pas encore établi, aura été acceptée ou négociée en France, avant d'avoir été soumise au timbre ou au visa pour timbre, l'accepteur et le premier endosseur résidant en France, seront tenus chacun d'une amende de 6 p. % du montant de l'effet. — Aucune des amendes prononcées ci-dessus ne pourra être au-dessous de 5 fr.

tion : « Une lettre de change étant essentiellement un acte de commerce, une lettre de change emportant de plein droit soumission à la juridiction commerciale et à la contrainte par corps, une lettre de change suffisant seule pour constituer marchand ou banquier celui qui la signe, il n'en faut pas davantage pour qu'on lui applique l'exception qui limite la disposition de l'art. 1326 du Code Napoléon. »

La lettre de change doit être revêtue de la signature du tireur ; s'ils sont plusieurs, de celle de chacun d'eux, à moins qu'elle ne soit tirée au nom d'une société, auquel cas la signature sociale suffit.

SECTION DEUXIÈME (Ire PARTIE.)

Caractères essentiels à la validité de la Lettre de Change. — Personnes qui y doivent intervenir. — Leur position respective.

L'art. 110 du Code de commerce porte :
« La lettre de change est tirée d'un lieu sur un autre ;
— Elle est datée ;
— Elle énonce la somme à payer ;
— Le nom de celui qui doit la payer ;
— L'époque et le lieu où le paiement doit s'effectuer ;
— La valeur fournie en espèces, en marchandises, en compte, ou de toute autre manière ;
— Elle est à l'ordre d'un tiers ou du tireur lui-même ;
— Si elle est par 1re, 2e, 3e, 4e, etc., elle l'exprime. »
« L'absence des conditions énumérées dans cet article entraînerait inévitablement la nullité du titre, en tant que lettre de change. » (Bravard-Veyrières, p. 169 ; Persil,

sur l'art. 110 ; Nouguier, Devilleneuve et Massé, *Dictionnaire du contentieux commercial*, v° *Lettre de change*, n° 17 ; Bousquet, *Dictionnaire des contrats et obligations en matière civile et commerciale*, 1840.)

On considère la lettre de change comme un acte solennel, dans ce sens qu'il doit être assujéti, sous peine de nullité, aux formes tracées par la loi et qui peuvent seules le constituer. — Néanmoins, on a quelquefois prétendu, et notamment M. Orillard, dans son livre de la *Compétence des Tribunaux de Commerce*, que la loi n'ayant pas prononcé la nullité pour inobservation des formes prescrites dans l'art. 110, cette nullité ne devait être prononcée qu'autant qu'une des conditions substantielles faisait défaut, admettant que l'art. 110 établît des formalités qui ne le sont pas (Voir aux notes concernant cette section la réfutation de sa doctrine).

L'explication des formalités énoncées dans l'art. 110 fera le sujet des huit articles suivants ; il sera traité plus bas des divers exemplaires.

Les formalités ci-dessus mentionnées doivent être contenues dans la lettre de change ; à défaut d'une d'entre elles, la lettre n'est qu'une simple promesse. Il n'est pas permis de suppléer par la preuve testimoniale à ce qui manque à la perfection de la lettre de change (Persil, sur l'art. 110).

ARTICLE 1er.

De la Remise d'un lieu sur un autre.

Il faut non-seulement que cette remise soit exprimée dans la lettre de change, mais encore qu'elle ait réellement lieu. — Il n'y aurait pas lettre de change encore que par simulation on eut faussement supposé que la remise avait eu lieu (cour de cassation, 8 brumaire an XIV), et *vice versa;* une traite contenant remise d'un lieu sur un autre, sans indication qu'elle est lettre de change, ou avec indication contraire, n'en serait pas moins une lettre de change, pourvu qu'elle réunît d'ailleurs les autres conditions exigées par la loi.

Cette remise ne peut avoir lieu qu'autant que les fonds sont versés dans un lieu et remboursables dans un autre, et l'on a décidé que lorsque le tireur-preneur, valeur en moi-même, passe la lettre de change à l'ordre d'un tiers dans le lieu où elle est payable, il n'y a pas remise de place en place, quoiqu'elle ait été créée dans un autre lieu, parce que le contrat de change, qui n'intervient dans ce cas qu'entre le tireur-preneur et celui à qui il passe son ordre, n'a pas lieu (Paris, 23 juin 1828. — Toulouse, 6 mars 1830 et 20 juin 1835. — Cassation, 10 juillet 1839).

Il suffit que la remise existe d'abord réellement, et la lettre ne perd pas sa qualité pour être payée dans le même lieu où elle avait été tirée, notamment quand le tiré a désigné dans son acceptation, pour lieu du paiement, le lieu où la lettre a été créée. — Paris, le 8 août 1833 (Sirey, t. 23-2-478). Circulaire du grand juge. — 31 octobre 1808 (Sirey, t. 9-2-13). — Pardessus, Dalloz, Nouguier.

Quelle est la portée de ces mots : *Remise d'un lieu sur un autre?* Quelle est la distance qui doit séparer les deux lieux? Faut-il que la lettre de change soit tirée d'une place de commerce sur une autre place de commerce?

Toutes ces questions furent agitées lors de la discussion

des dispositions législatives qui nous occupent. Le législateur rejeta la proposition qui avait été faite, et qui tendait à exiger la remise d'une *place de commerce* sur une *autre place de commerce* (Locré, *Esprit du Code de commerce*), et sans perdre de vue la cause première de l'invention des lettres de change, mais ayant égard aux nouveaux besoins du commerce, voulant faciliter la rapidité des paiements et éviter des frais, rejeta tout amendement tendant à restreindre l'action de la lettre de change. — C'est avec sagesse, dit M. Nouguier, dans son *Traité*, page 78, que la plus grande latitude a été accordée par la loi qui ne détermine ni condition, ni distance.

Le législateur a laissé aux tribunaux la plus grande liberté pour l'application de la loi. C'est à eux à voir, en cas de contestation, s'il a pu y avoir remise d'un lieu sur un autre. Les circonstances particulières, plutôt que la distance, doivent les déterminer.

La cour supérieure de Bruxelles a jugé, le 24 septembre 1814, qu'une lettre tirée d'un bourg sur une ville, distante seulement de deux lieues et demie, satisfaisait à la condition de la remise (Dalloz, *Répertoire méthodique*, t. 6, p. 556).

ARTICLE 2.

De la Date.

La date est importante. Elle peut servir notamment à constater l'état du souscripteur, relativement à sa capacité, en cas de minorité, de faillite, etc.

Comme elle est le plus souvent précédée de l'indication du lieu où elle a été écrite, cette indication permet de vérifier s'il y a remise de place en place, ou supposition de lieu. — Cette indication du lieu est d'ailleurs nécessaire pour savoir si l'acte a été fait suivant les formes exigées par la loi, et qui sont, comme nous l'avons dit, celles du lieu où il a été passé.

Dans la règle et l'usage, une lettre de change est présumée souscrite au domicile du tireur (rejet, 28 février 1810), sauf les preuves de supposition.

La date est de rigueur, lorsque la lettre est payable à une ou plusieurs usances, à un ou plusieurs mois, à un ou plusieurs jours de date.

Elle doit être considérée comme certaine. Néanmoins, les tiers peuvent, sans inscription de faux, démontrer qu'elle n'est pas réelle (Cour de cassation, 13 mai 1809).

Ordinairement, on la met en chiffres en haut de la lettre de change; il serait plus prudent de la mettre en lettres pour éviter qu'elle ne fût altérée.

Aucun moyen, dit M. Pardessus, ne peut être employé pour couvrir le vice provenant du défaut de date. Ainsi, l'authenticité d'un acte dans lequel la lettre serait énoncée ne pourrait servir à la régulariser, en lui donnant la date certaine de cet acte.

ARTICLE 3.

De la Somme à payer.

La somme à payer doit être énoncée sur la lettre de change. Elle peut être écrite en chiffres ou en toutes lettres; cependant, comme les chiffres sont faciles à altérer, il est d'usage de se servir de lettres.

Si la mention était en chiffres, l'accepteur, pour éviter

une falsification, ferait sagement d'écrire en toutes lettres: *Accepté pour la somme de tant.*

Du reste, les chiffres offrant l'avantage de mieux frapper l'attention, on met ordinairement au haut de la lettre de change : *Bon pour francs.....* , et la somme en chiffres.

S'il existait une différence entre le corps du titre et cette indication préliminaire, le corps de la lettre de change ferait foi; car les chiffres ne sont que pour simple note.

A moins de stipulation contraire, il est entendu que le paiement sera effectué en espèces ayant cours au moment de l'échéance, en ajoutant ou retranchant toutefois le moins ou le plus de valeur qu'elles pourraient avoir lors de cette échéance.

ARTICLE 4.

Du nom de celui qui doit payer la Lettre de Change.

Le nom de celui qui doit payer la lettre de change doit être entouré de toutes les circonstances qui peuvent le faire facilement connaître.

Le nom du tiré omis, la lettre de change ne serait pas nulle s'il existait d'ailleurs une désignation telle que le porteur ne dût pas se tromper sur la personne du tiré. — Du reste, en toute matière, les tribunaux doivent réparer les erreurs de rédaction, et interpréter les actes d'une manière conforme aux intentions des parties.

L'énonciation : *Je paierai*, au lieu de : *Payez*, n'enlève pas au billet le caractère de lettre de change (Cassation, 14 mai 1828).

Le tireur peut-il se désigner lui-même pour la personne qui doit payer ? Cette question est fort controversée (Voir aux notes les autorités pour et contre).

ARTICLE 5.

De l'Epoque du Paiement.

La lettre de change doit déterminer une échéance précise; il n'est pas permis aux juges de s'appuyer sur les circonstances des faits extérieurs à la lettre de change, pour suppléer le défaut de cette énonciation. Le motif de cette rigueur de la loi, dit M. Nouguier, c'est que les diligences et poursuites doivent être faites par le porteur à jour fixe, et qu'il ne serait pas juste de lui faire encourir la responsabilité d'une déchéance arbitraire. — Ainsi, l'on prétendrait vainement qu'une lettre de change, sans époque de paiement, équivaut à une lettre de change à vue.

L'époque du paiement n'est pas censée fixée, lorsque le tireur s'est réservé le droit de renouveler la lettre de change (Cour royale de Paris, 2 février 1830).

La lettre de change peut être tirée *à vue* ou *à présentation ;* dans ce cas, elle est payable dès qu'elle est présentée au tiré (Art. 129 et 130 Code de commerce).

Elle peut être tirée également :

<blockquote>
à un ou plusieurs jours
à un ou plusieurs mois   } de vue.
à une ou plusieurs usances (art. 129)
</blockquote>

Dans ces espèces, l'échéance est fixée par la date de l'acceptation ou par celle du protêt faute d'acceptation (art. **131**), et ce délai commence à courir du lendemain de cette acceptation : *Dies termini non computatur in termino.*

Si l'acceptation n'était pas datée, le défaut de date rendrait la lettre de change exigible au terme y exprimé, à partir de sa date (Art. 122).

La lettre peut être encore payable :

à un ou plusieurs jours
à un ou plusieurs mois } de date.
à une ou plusieurs usances (art. 129)

Les mois sont tels qu'ils sont fixés par le calendrier grégorien (art. 132); ils se comptent de quantième à quantième, de date à date, quelle que soit la longueur du mois, et non par révolution mensuelle. — Ainsi, une lettre tirée le 15 juillet, payable à trois mois de date, sera payable le 15 octobre.

En France, les usances comprennent 30 jours, qui courent du lendemain de la date de la lettre de change (Art. 132).

Les usances des lettres de change sont :

A Londres, d'un mois.

A Hambourg, de deux mois.

A Ancône, de quinze jours.

A Boulogne, de huit jours.

A Amsterdam, d'un mois.

A Nüremberg, de quinze jours.

A Vienne (Autriche), de même.

En Espagne, de deux mois.

La lettre de change peut être aussi payable à *jour nommé.*

On peut encore stipuler que son échéance aura lieu *en foire.* Dans ce cas, elle est échue la veille du jour fixé pour la clôture de la foire, ou le jour de la foire, si elle ne dure qu'un jour (Art. 133).

Dans toutes les hypothèses, si l'échéance de la lettre de change tombe sur un jour férié légal, elle sera payable la veille et protestable le lendemain (Art. 134). — Les jours *fériés* sont : les quatre jours reconnus par la loi de germinal an X, c'est-à-dire la Noël, l'Ascension, l'Assomption et la Toussaint, les dimanches, le premier jour de l'an, qui a été ajouté par un avis du Conseil-d'Etat, approuvé le 20 mars 1810, et les 27, 28 et 29 juillet.

Tous les délais de grâce, de faveur, d'usage ou d'habitude locale, pour le paiement des lettres de change, sont abrogés (Art. 135). Les tribunaux ne peuvent pas donner de délai, sans le consentement du demandeur.

Lorsqu'une lettre de change, d'ailleurs régulière, est viciée par l'omission de l'époque du paiement, s'il arrive que l'accepteur indique lui-même plus tard une échéance, le vice primitif se trouve réparé, en ce sens que l'effet acquiert tous les caractères de lettre de change. — Du moins l'accepteur est non recevable à lui opposer le vice originaire (Cour royale de Paris, 14 mars 1829).

La loi qui s'oppose à ce que les juges accordent des délais, en matière de lettre de change, n'empêche pas qu'ils n'ordonnent la mise en cause du tireur, si sa signature est arguée de faux. — Toutefois, le sursis accordé à l'accepteur ne peut être étendu aux endosseurs qui, garants en tous cas, doivent être condamnés.

ARTICLE 6.

Du Lieu du Paiement.

L'énonciation du lieu où le paiement doit être effectué

est nécessaire, afin de pouvoir vérifier s'il y a remise d'un lieu sur un autre.

Ordinairement il est mis au-dessous du nom du tiré.

Pour les traites payables en province, il faut avoir le soin d'indiquer le département et même la commune dans lesquels est situé le lieu où le remboursement doit être effectué; car il se rencontre en France plusieurs villes, bourgs ou villages portant le même nom.

Lorsque le domicile où le paiement doit s'effectuer n'est pas celui du tiré, il faut le déclarer et le faire connaître d'une manière précise, puisque c'est chez le tiré que la présomption légale fait supposer que les fonds se trouvent déposés. — Si le tireur oubliait de faire cette mention, l'accepteur devrait suppléer à cet oubli, et mentionner le lieu où il paiera la lettre de change et où les diligences seront faites (Art. **123**).

ARTICLE 7.

De la Valeur fournie.

L'art. **110** du Code de commerce dit : « *La lettre* de change énonce la valeur fournie *en espèces, en marchandise, en compte,* ou de toute autre manière. »

On voit que le législateur a voulu laisser la plus grande latitude, quant à la manière d'exprimer la valeur fournie. Mais pour aussi générales que paraissent ces expressions : *ou de toute autre manière,* il ne faut pas croire que toutes les énonciations puissent satisfaire le vœu de la loi.

La loi veut, avant tout, qu'une valeur soit fournie; car cette valeur seule peut justifier le contrat de change, qui sans elle n'aurait pas une cause légale. Il faut donc exprimer d'une manière claire et précise de quelle manière la valeur a été fournie. Si la mention était *louche*, et ne présentait pas la certitude qu'il y a eu valeur fournie, elle serait irrégulière, non avenue, et la lettre de change manquerait de l'un de ses caractères essentiels que les tribunaux ne peuvent pas suppléer par les circonstances (Dalloz, Nouguier).

Il suffit de lire l'art. 110 pour se convaincre que le législateur a voulu que la valeur reçue fut spécifiée. — Aussi, et d'après ce principe, la jurisprudence a décidé que les expressions : *Valeur reçue, valeur entendue, valeur d'un tel, valeur en contractant, valeur en nous*, n'étaient pas suffisantes (Voir les notes).

Une lettre de change, causée *valeur en moi-même*, n'est valable qu'autant qu'elle a été tirée à l'ordre du tireur lui-même, et qu'elle a été endossée en faveur d'un tiers, avec énonciation de la valeur fournie par ce dernier (Pardessus, Nouguier).

Les lettres de change souscrites : *Valeur changée*, qui sont livrées par le tireur sur la promesse de payer de la part du preneur, ne sont parfaites que lorsque cette promesse est réalisée ; mais l'imperfection n'est opposable par le tireur qu'au bénéficiaire seul, et non au tiers-porteur.

La loi n'exige pas que la valeur soit fournie par l'effet d'une opération commerciale, elle peut l'être en immeubles, en retour de partage, pour prix d'un fermage, d'un transport, etc. (Voir la jurisprudence).

Lorsque la mention de la valeur fournie est insuffisante, la lettre de change n'est qu'une simple promesse, de sorte que le porteur ne peut obtenir une condamnation commerciale qu'en prouvant que la lettre dont il réclame l'exécution a eu pour cause un fait de commerce (Nouguier).

ARTICLE 8.

De l'Ordre au profit d'un tiers, ou du tireur lui-même.

Il est essentiel que la lettre de change énonce le nom de la personne qui doit en recevoir le montant. — Si on indiquait seulement le nom de celui qui a compté la valeur, sans exprimer que c'est à lui que le tiré doit la rembourser, ce dernier pourrait faire difficulté de payer et obliger le donneur de valeur à justifier de ses droits, et à prouver qu'il était le bénéficiaire de la lettre de change.

Sous l'ordonnance de 1673, il fallait, pour que la circulation fût permise, que le tireur l'eût expressément autorisée; aujourd'hui, la lettre de change est essentiellement négociable et doit être à l'ordre de quelqu'un pour qu'elle puisse passer, de main en main, par la voie de l'endossement. — Si elle n'était pas revêtue de cet *ordre*, elle ne vaudrait que comme simple promesse (Voir Locré, sur l'art. 110; Merlin, Pardessus, Vincens, etc.).

La lettre de change ne peut jamais être faite payable au porteur (Pardessus, n° 238, Devil. et Massé, p. 483; Bousquet, t. 2, p. 463).

L'expression à *ordre* n'est pas sacramentelle. — Elle peut être remplacée par toute autre qui laisse voir, sans équivoque, la volonté du souscripteur de donner naissance à un titre négociable. — Ainsi, l'on peut dire : *A un tel ou à ses ayant-droit ;* ou bien encore : *A un tel, ou à sa disposition* (Pardessus, n° 339; — Nouguier, p. 162).

Par dérogation au principe que le cessionnaire n'a pas plus de droit que son cédant, le porteur d'une lettre de change est à l'abri des légitimes compensations, ou exceptions, à la charge de ses auteurs. — Cette dérogation, comme tout autre privilége, doit être renfermée dans de justes limites.

La lettre de change à l'ordre du tireur lui-même n'est parfaite que par l'endossement, lequel endossement doit être fait selon les formes prescrites par l'art. 137 (Cassation, 23 juin 1817 ; 14 novembre 1821). — Cependant, elle l'est sans cette condition, lorsque le tireur n'est que le mandataire d'un tiers, pour le compte duquel il a souscrit la traite (Voir lettre de change d'ordre).

SECTION DEUXIÈME (IIe PARTIE).

Nombre des personnes qui doivent intervenir dans la Lettre de Change et de leur position respective.

Pour qu'une lettre de change soit régulière, il faut que trois personnes au moins y soient désignées lors de sa formation : celle qui touche la valeur, celle qui la remboursera dans un autre lieu, et celle qui ayant fourni les fonds doit profiter du remboursement. En d'autres termes, il faut qu'il y ait un *tireur*, un *tiré* et un *bénéficiaire*. — Deux parties néanmoins concourent à la formation du titre ; le tireur et le bénéficiaire. — Le tiré n'est d'abord, à proprement parler, que le mandataire du tireur. — La lettre se fait sans sa participation ; néanmoins, il faut qu'il soit indiqué, pour qu'il soit constant qu'il y a remise de place en place.

Lorsque le tireur est en même temps le bénéficiaire,

c'est-à-dire que la lettre est à son ordre , cette lettre ne devient parfaite que par la négociation, parce que ce n'est qu'alors que le contrat de change intervient. — Cette négociation se fait par la voie de l'endossement, qui est le moyen de transmettre la propriété des lettres de change, et dont nous expliquerons plus tard la forme et les effets. — Dans ce cas, l'endosseur est le véritable donneur de valeur, le bénéficiaire.

Une lettre de change est valable avec deux personnes seulement, lorsqu'un individu , en la tirant, agit par ordre et pour compte d'un ordonnateur, parce qu'alors il ne tire qu'en qualité de mandataire, et que sa position personnelle et celle d'un vrai preneur.

Voici donc quelles sont les relations qui existent entre les trois personnes qui concourent à la formation du contrat est de la lettre de change :

Entre le tireur et le donneur de valeur, ou bénéficiaire, il se forme un contrat de *vente*, de *cession*, ou d'*échange* ; entre le tireur et le tiré, un *mandat*.

Nous avons vu quelles sont les conditions qui rendent la lettre de change parfaite. Il existe des stipulations et des usages facultatifs que la loi et la jurisprudence ont consacrés. Ces usages ne changent pas le caractère de la lettre de change, mais quelquefois servent à la modifier. Nous les ferons connaître dans le chapitre suivant.

SECTION TROISIÈME.

Capacité requise pour intervenir dans les Lettres de Change.

Toutes les personnes en état de contracter peuvent généralement souscrire ou négocier des lettres de change (631-632 Code de commerce).

La loi a établi certaines exceptions à ce principe, dans un but d'ordre public ou de protection pour les personnes.

Ainsi, la signature des femmes et des filles non négociantes ou marchandes publiques ne vaut à leur égard que comme *simple promesse* (Art. 113).

Cette signature, qui n'engage pas la femme commercialement, pourrait cependant engager le mari, si cette femme avait l'habitude de signer des lettres de change au vu et su du mari, et pour le compte de ce dernier; dans ce cas, elle serait censée son mandataire (Jurisprudence, cassation; Delvincourt, p. 80, t. 1; — Toullier, t. 2, n° 640; — Duranton, t. 2, n° 484; — Vazeille, t. 2, n° 334; — Dalloz, v° *Mariage*, p. 156; — Nouguier; — Orillard, n° 174).

Quant aux femmes négociantes ou marchandes publiques, indépendamment de l'art. 113 précité, l'art. 6 du Code de commerce porte qu'elles peuvent, sans l'autorisation de leur mari, s'obliger pour ce qui concerne leur négoce, et qu'alors elles obligent leur mari, s'il y a communauté entre eux; ce même article porte que la femme ne peut pas être réputée marchande publique si elle ne fait que détailler les marchandises du commerce de son mari, et si elle ne fait pas un commerce séparé. D'après l'art. 4, la femme ne peut être marchande publique sans l'autorisation de son mari.

Les lettres de change souscrites par des mineurs non négociants sont nulles à leur égard, sauf les droits respectifs des parties, conformément à l'art. 1312 du Code civil (art. 114); mais elles sont valables à l'égard des autres personnes majeures qui ont concouru à l'acte.

Mais comme il ne serait pas juste que le mineur s'enrichît aux dépens d'autrui, le porteur d'une lettre de change peut réclamer le montant de ce qui a tourné au profit du mineur, toutefois, à la charge par lui de prouver le profit que le mineur en a retiré.

Les mineurs simplement émancipés, quoique capables d'administrer leur bien et même de s'obliger, ne peuvent souscrire ou endosser des lettres de change ; celles qu'ils créeraient ne vaudraient que comme simples promesses et ne les soumettraient ni à la juridiction commerciale, ni à la contrainte par corps. (Code civil, 483-484 ; Code de commerce, 113 ; loi du 17 avril 1832, art. 2 ; Devil. et Massé, p. 482, n° 9.)

Les agents de change et courtiers ne peuvent, dans aucun cas et sous aucun prétexte, faire des opérations de commerce ou de banque pour leur compte (Art. 85).

Quant au failli, il résulte de l'art. 446 du Code de commerce, qu'il ne peut souscrire des effets de commerce depuis la cessation de paiements ou dans les dix jours précédents, si ce n'est pour payer des dettes échues. L'art. 449 porte : « Dans le cas où les lettres de change auraient été payées après l'époque fixée, comme étant celle de la cessation de paiement, et avant le jugement déclaratif de faillite, l'action en rapport ne pourra être intentée que contre celui pour le compte duquel la lettre de change aura été fournie. — S'il s'agit d'un billet à ordre, l'action ne pourra être exercée que contre le premier endosseur. Dans l'un et l'autre cas, la preuve que celui à qui on demande le rapport avait connaissance de la cessation de paiements à l'époque de l'émission du titre devra être fournie. »

La loi, pour favoriser le commerce, a dérogé à la règle de l'incapacité, relativement au mineur commerçant.

« Le mineur émancipé, qui fait un commerce, est réputé majeur pour les faits relatifs à ce commerce. » (Art. 487 Code civil.)

« Tout mineur émancipé, de l'un et de l'autre sexe, âgé de dix-huit ans accomplis, qui voudra profiter de la faculté que lui accorde l'art. 487 du Code civil de faire le commerce, ne pourra en commencer les opérations, ni être réputé majeur, quant aux engagements par lui contractés pour faits de commerce : 1° s'il n'a été préalablement autorisé par son père ou par sa mère, en cas de décès, interdiction ou absence du père, ou, à défaut du père et de la mère, par une délibération du conseil de famille homologuée par le tribunal civil ; 2° si, en outre, l'acte d'autorisation n'a été enregistré et affiché au tribunal de commerce du lieu où le mineur veut établir son domicile. » (Art. 2 Code de commerce.)

« La disposition de l'article précédent est applicable aux mineurs non commerçants, à l'égard de tous les faits qui sont déclarés faits de commerce par les dispositions des art. 632 et 633 Code de commerce. » (Art. 3 *id.*)

« Le mineur commerçant, banquier ou artisan, n'est point restituable contre les engagements qu'il a pris à raison de son commerce ou de son art. » (Art. 1308 Code civil.)

La jurisprudence des parlements et la doctrine des auteurs, avant le Code, avaient du reste décidé que les mineurs marchands, autorisés comme il est dit ci-dessus, peuvent s'engager valablement sans le consentement de leur père ou curateur, pour raison de la *marchandise et trafic dont ils se mêlent*, soit en empruntant, soit en souscrivant des billets, acceptant des lettres de change, ou s'engageant de fournir des marchandises pour un certain prix, ou contractant des engagements (Orillard. — *Compétence des Tribunaux de Commerce*, p. 148-149).

Un mineur commerçant peut endosser des lettres de change et cautionner d'autres marchands, pourvu que ces actes soient l'effet d'une cause commerciale, puisque le mineur commerçant est réputé majeur pour tous les actes de son négoce, et que la loi les autorise même (art. 6 Code de commerce) à engager et hypothéquer leurs immeubles.

Les mineurs commerçants peuvent transiger et ester en justice sans l'assistance de leur curateur, tant en demandant qu'en défendant sur toutes contestations relatives à leur commerce (Pardessus, n° 58, t. 1er; — Orillard, n° 160, *in fine*, p. 150).

Le mineur qui ferait le commerce sans s'être conformé aux prescriptions de l'art. 2 du Code de commerce, ne pourrait pas être réputé commerçant et jugé comme tel (Cassation, 2 décembre 1826).

CHAPITRE III.

Des stipulations et usages facultatifs en matière de Lettre de Change.

SECTION PREMIÈRE.

Divers exemplaires d'une Lettre de Change.

La jurisprudence a consacré l'usage très-favorable au commerce de tirer par 2e, 3e, 4e, etc.... Il est prudent de l'employer dans plusieurs cas, notamment lorsqu'on a à craindre que la lettre ne s'égare, et lorsqu'on tient à négocier une traite et à l'envoyer simultanément à l'acceptation.

Tous les exemplaires réunis ne forment qu'une seule et même lettre. — Ils doivent être en tout semblables, de même somme, de même date, etc..... seulement, l'un est qualifié de 1re, et les autres de 2e, 3e, etc.

Si l'un d'eux est défectueux, le tireur peut rectifier l'erreur dans un exemplaire subséquent (Pardessus, Nouguier).

Le tireur doit expliquer sur chacun que le paiement de l'un des exemplaires annulera les autres (Art. 147). — S'il omettait cette indication, rien ne prouvant que l'un des exemplaires est le double des autres, il pourrait être considéré comme un titre original, et être acquitté par le tiré, qui ne serait pas responsable des paiements par lui faits de bonne foi.

Si le tiré a mis son acceptation sur un des exemplaires, il ne doit payer qu'en retirant cet exemplaire, sans quoi il n'opérerait pas sa libération vis-à-vis du tiers porteur de son acceptation (Art. 148).

La jurisprudence a admis aussi l'usage des copies des lettres de change. L'endosseur qui veut en confectionner une transcrit littéralement le corps de la lettre de change et tous les endossements, y compris le sien, et puis il met : *Copie, l'original étant chez un tel.* Cela fait, il remet à son cessionnaire et l'original et la copie, afin que celui-ci puisse négocier la copie, pendant qu'il envoie l'original à l'acceptation.

Celui qui fait une copie ne doit pas manquer de transcrire sur cette dernière son propre endossement, qu'il a mis sur la lettre de change. Sans cette précaution, l'individu à qui il cède la traite pourrait négocier la copie et l'original, et le tiré pourrait aussi payer sur la remise de la copie, car il devrait penser que l'original n'a pas été mis en circulation, puisque la copie ne le mentionne pas. — La cour royale de Paris a eu à se prononcer sur une pareille espèce, et a basé son arrêt du 14 janvier 1830, sur les principes que nous venons d'émettre.

M. Nouguier pense que dans le cas ou un même individu serait porteur d'un exemplaire payé et de l'exemplaire accepté, il ne pourrait pas, en vertu de ce dernier exemplaire, réclamer un nouveau paiement, et que l'accepteur aurait le droit de lui opposer l'exception tirée des art. 1235-1276 et 1277 Code civil. Si l'acceptation est adirée, celui auquel le montant en doit être versé ne peut exiger le paiement qu'en vertu d'une ordonnance du juge et en donnant caution.

Lorsque le porteur a égaré une lettre de change faite à un seul exemplaire, il peut en obtenir un second exemplaire, en vertu de l'art. 150; nous dirons de quelle manière, en traitant du paiement des lettres perdues.

SECTION DEUXIÈME.

De l'indication du Paiement au domicile d'un tiers.

La lettre de change peut être tirée sur un individu et payable au domicile d'un tiers (111). Dans ce cas, on l'appelle lettre à domicile, et on donne le nom de *domiciliataire* à celui chez qui elle doit être payée.

Il faut que le domicile soit clairement déterminé, car

autrement la présomption légale autoriserait le porteur à faire protester au domicile du tiré.

Si le tiré qui accepte veut payer à un autre domicile que le sien, il doit en faire l'objet d'une mention expresse, par exemple : *Accepté, payable à tel domicile* (Art. 123).

Il faut remarquer que si le tiré change le domicile, c'est à ses risques et périls; la loi ne lui donne pas ce droit, elle dit, au contraire, que l'acceptation ne peut être conditionnelle (Art. 124).

Le protêt fait au domicile indiqué suffit pour assurer les droits du porteur.

La jurisprudence a décidé que le domicile élu par l'accepteur, pour le paiement d'une lettre de change, est un domicile élu pour recevoir l'assignation, mais qu'on ne pourrait pas y signifier valablement un acte d'appel.

La lettre à domicile ne constitue pas moins une lettre de change, quoique le tireur et le tiré habitent le même lieu, pourvu que le domicile où doit se faire le paiement soit dans un autre lieu, qu'en d'autres termes il y ait remise de place en place.

SECTION TROISIÈME.

De la Lettre de Change d'ordre, ou pour le compte
d'un tiers.

L'art. 111 du Code de commerce permet de tirer des lettres de change par ordre et pour le compte d'un tiers. On use de ce moyen lorsqu'on veut se procurer des fonds sans mettre sa signature en circulation. Dans ce cas, une autre personne tire en son nom, mais par votre ordre et pour votre compte, et vous restez inconnu des tiers ; leur unique obligé est le tireur.

L'ordonnateur doit cependant se faire connaître au tiré, soit dans le corps du titre, soit par lettre d'avis.

Si l'indication est portée dans le corps du titre, le donneur d'ordre est désigné par son initiale, à peu près en ces termes :

Premier exemple.

A tel jour, payez par cette lettre de change à mon ordre (ou à l'ordre d'un tiers), la somme de.... *valeur en compte avec M. P.*, que passerez suivant ou sans avis de....

JACQUES.

Deuxième exemple.

A tel jour, payez par cette lettre de change à mon ordre (ou à l'ordre d'un tiers), la somme de.... valeur reçue comptant (ou de toute autre manière), *laquelle somme vous passerez au compte de M. P.*, suivant ou sans avis de....

JACQUES.

Troisième exemple.

A tel jour, payez par cette lettre de change à mon ordre (ou à l'ordre d'un tiers), la somme de.... valeur reçue comptant (ou de toute autre manière), pour le compte de M. P., que passerez suivant ou sans avis de....

JACQUES.

Dans ces exemples, le tiré est prévenu que M. P., ordonnateur, a reçu par les mains du tireur, en compte, en marchandises, ou de toute autre manière, une certaine somme ou valeur qu'il lui donne mandat, par l'intermédiaire du tireur, de payer au preneur ou à son cessionnaire.

La création d'une pareille lettre de change donne naissance à des obligations diverses entre l'ordonnateur et le tireur, entre l'ordonnateur et le tiré, entre le tireur et le porteur, entre le tireur et le tiré. — Les obligations de l'ordonnateur, à l'égard du tireur, consistent à le rendre indemne, à veiller à ce que l'acceptation soit donnée, à faire les fonds à l'échéance (Art. 115). De son côté, le tireur doit au donneur d'ordre de remplir fidèlement son mandat, de tirer la lettre de change d'une manière entièrement conforme à ce qui a été convenu ; en un mot, de ne pas soumettre le donneur d'ordre à des engagements plus rigoureux que ceux qu'il a voulu subir.

Le tireur pour compte est à l'égard des endosseurs non un *mandataire*, mais un véritable *commissionnaire*, et il est personnellement responsable envers eux et le porteur.

Le donneur d'ordre n'est pas engagé vis-à-vis des tiers, sa signature ne figurant pas sur la lettre de change, et si ces derniers pouvaient avoir quelque action contre lui, ce ne serait qu'en exerçant les droits du tireur devenu leur débiteur. (Nicod-Sirey, t. 22-1-40 ; — Nouguier, 1er vol., p. 118 et suiv ; — plusieurs arrêts, notamment Paris, 9 mars 1832. — Merlin, Dalloz). — Ces principes ressortent d'ailleurs de l'art. 115 du Code de commerce, modifié par la loi du 19 mars 1817.

La position respective des parties dans une lettre de change d'ordre, peut se résumer ainsi : du donneur d'ordre au tireur, un *compte de mandat ;* du donneur d'ordre au tiré, un *compte de mandat* à raison du paiement ; du tireur pour compte au preneur, un *contrat de vente* ou *d'échange ;* enfin, du tireur pour compte au porteur, un cautionnement solidaire avec les endosseurs précédents.

SECTION QUATRIÈME.

Des Besoins.

On appelle *besoin*, l'indication faite dans une lettre de change, qu'à défaut de paiement par le tiré, le porteur s'adressera à une ou plusieurs autres personnes du même lieu, dont il fait connaître les noms, qualités et demeures, et qui, au besoin, *feront honneur* à la signature du tireur. — On donne aussi le nom de *besoin* ou celui de *recommandataire*, à la personne dont l'intervention bénévole est réclamée.

La précaution des besoins évite au tireur le désagrément de voir sa signature en souffrance, et de payer des frais de rechange et de compte de retour.

L'indication du besoin est mise ordinairement au-dessous de l'adresse du tiré. — Quelquefois, pour ne pas manifester à ce dernier sa méfiance, cette indication est faite par le tireur dans la lettre d'envoi au preneur, et par avis séparé au recommandataire.

A défaut d'acceptation ou de paiement de la part du tiré, le porteur doit faire protester au domicile des personnes indiquées par la lettre de change, pour la payer au besoin. En acceptant la lettre de change, le preneur a accepté toutes les conditions qu'elle renfermait.

Il semble que les endosseurs devraient aussi avoir le droit d'établir des besoins obligatoires pour le porteur : car il dépend aussi de ce dernier d'accepter ou de ne pas accepter les conditions qu'on lui fait. C'est dans ce sens que se sont prononcés les tribunaux de commerce du Hâvre et de Paris, les 12 mai 1829, et 17 novembre 1836. Cependant, la cour de cassation et la cour royale de Paris, ont rendu des arrêts dans un sens contraire : il paraît que les négociants éclairés protestent contre cette jurisprudence. M. Nouguier, qui la critique, t. 1er, p. 131, dit avec raison, selon nous, qu'elle méconnaît le principe salutaire de la liberté en matière de convention, et qu'elle choque les usages commerciaux.

SECTION CINQUIÈME.

De la mention Retour sans frais.

Cette mention indique que le porteur, à défaut de paiement, doit renvoyer la traite sans faire des frais.

La jurisprudence a admis cet usage et a établi le principe que les parties peuvent se dispenser, par des conventions particulières, des prescriptions du Code de commerce relatives aux poursuites à exercer en cas de non-paiement d'effet de commerce.

La mention retour sans frais interdit-elle même le simple protêt ? Il paraît qu'on doit se décider pour l'affirmative (Voir aux notes).

Le *retour sans frais* peut être établi non-seulement par le tireur, mais encore par les endosseurs.

4

« Ses effets varieront suivant qu'il émane de tel ou tel signataire. Apposé par le tireur, il sera obligatoire pour tous les obligés et contre eux tous, car chacun d'eux a connu cette condition dérogatoire; écrit par un endosseur, il pourra lui être opposé, ainsi qu'à tous les endosseurs postérieurs, qui auront la faculté de s'en prévaloir dans l'occasion, mais à l'égard des endosseurs précédents et du tireur, il y aura nécessité de se conformer aux prescriptions de la loi. Dans ce cas, l'effet de la mention est restreint aux frais de dénonciation, aux endosseurs subséquents, puisque sous peine de perdre tout recours contre les endosseurs précédents, le porteur est tenu de faire protester et de leur notifier son acte de protêt. » (Nouguier, t. 1, p. 136-137.)

La mention *retour sans frais* est une des conditions de la lettre de change : elle peut produire les effets les plus graves et les plus sérieux; il faut donc qu'elle ne puisse être ni falsifiée ni contestée, le meilleur moyen pour cela c'est de l'approuver par un paraphe, ou de la mettre au-dessus de la signature.

SECTION SIXIÈME.

Des Lettres d'Avis.

La lettre d'avis a pour but de faire connaître au tiré la date et le montant de la traite qu'on a fournie sur lui, l'époque du paiement et la personne qui doit le recevoir ; elle lui indique si les lettres sont par 1re, 2me, 3me, etc.; elle lui dit quel compte il doit débiter, et comment il pourra se couvrir.

Exemple.

« J'ai tiré sur vous du (*la date*), à.... (*le terme de l'é-chéance*) la somme de.... payable à.... (*le nom de la personne à l'ordre de laquelle la traite est payable*). Veuillez, je vous prie, honorer cette traite de votre acceptation et la payer à son échéance; je vous en tiendrai compte sur des fonds que vous avez à moi, en vos mains (*ou j'aurai soin de vous en faire parvenir les fonds avant l'échéance*). Si par cas vous étiez découvert à ladite échéance, vous pourriez vous couvrir sur moi, au cours du jour, et le meilleur accueil sera fait à vos traites. »

(*La date.*)   (*La signature.*)

Cette formalité, qui n'est pas indispensable à la perfection de la lettre de change, a cependant son utilité. A son défaut, le tiré pourrait refuser son acceptation, même lorsqu'il serait débiteur, et occasionner ainsi des frais au tireur.

Lorsque le tireur veut envoyer une lettre d'avis, il met sur la lettre de change : *que passerez suivant l'avis de....* (et la signature). Dans le cas contraire, il met : *que passerez sans autre avis de...* (et la signature).

SECTION SEPTIÈME.

De l'Aval.

§ 1er.

Caractères de l'Aval.

L'aval est une convention au moyen de laquelle un tiers, *étranger à la lettre de change*, se rend caution du paie-

ment, à l'échéance, en faveur du tireur, de l'un des endosseurs ou de l'accepteur.

L'aval, dit M. Nouguier, est en apparence un contrat
unilatéral, puisque une seule partie s'oblige sur le titre ;
cependant le créancier étant, par la force même de la loi
et par la nature de ce titre, astreint à des formalités et à
des diligences vis-à-vis du donneur d'aval, il constitue
plutôt un contrat *synallagmatique*.

Pour pouvoir souscrire un aval, il faut avoir la capacité
requise pour souscrire une lettre de change (Cour roy.
de Grenoble, 14 décembre 1833).

§ 2.

Forme de l'Aval.

L'art. 142 du Code du commerce dispose que l'aval est
fourni par un tiers sur la lettre ou par acte séparé.

Il est valable, quelle que soit la forme de l'acte qui le
contient. Qu'il soit fourni par lettre missive, par convention sous seing-privé, ou par acte notarié, il est également
ment régulier et ses effets sont les mêmes.

La loi n'a pas non plus indiqué d'expression sacramentelle pour ce mode de cautionnement et l'appréciation de
la volonté du contractant est abandonnée aux lumières des
juges. Une simple signature, autre que celle du tireur,
de l'accepteur ou des endosseurs, est même généralement considérée comme un aval. Il faut néanmoins remarquer que la simple signature ne suffirait pas si elle
était donnée sur un billet non commercial, tel qu'un billet
à ordre souscrit par un non négociant (art. 1326 Code
civil), ou bien par une femme non marchande publique

(113 Code de commerce), etc..... Dans ce cas, il faut le *bon pour*.... exigé par l'article 1326 précité.

D'ordinaire, on souscrit l'aval par ces mots : *Bon pour aval.*

L'aval, comme l'endossement, n'est soumis à aucun droit particulier d'enregistrement (Délibération de la régie de l'enregistrement, du 21 décembre 1830).

Lorsque l'aval est donné par acte séparé, doit-il spécifier les lettres de change garanties? (Voir les notes.)

§ 3.

Des effets de l'Aval.

Celui qui souscrit l'aval s'engage, *commercialement* et *solidairement*, et contracte, envers le créancier de la personne qu'il cautionne et à laquelle il s'assimile, toutes les obligations à la charge de cette dernière.

L'aval est un contrat dit de *bienfaisance*. Le donneur d'aval peut donc restreindre les effets de sa garantie. Il peut stipuler que l'action en garantie ne sera exercée que dans tel cas déterminé; s'obliger seulement sur ses meubles ou sur ses immeubles, ou bien sur quelques-uns d'entr'eux; cautionner un seul ou plusieurs débiteurs; garantir seulement l'acceptation; s'affranchir de la contrainte, etc.... Mais il faut que ce soit en termes formels; les restrictions ne peuvent être supposées, et la règle générale est que l'aval vaut comme garantie générale et solidaire.

Lorsque le donneur d'aval a entendu cautionner le tireur, le porteur qui n'a pas fait protester utilement, n'est déchu, vis-à-vis de lui, qu'autant qu'il justifie que les fonds étaient à l'échéance entre les mains du tiré (170 Code de commerce).

Quand l'aval est au bas de l'acceptation, il vaut garantie de tous les obligés. — Dans cette hypothèse, le donneur d'aval ne peut, ainsi que l'accepteur, invoquer que la prescription de cinq ans ; il n'y a pas de déchéance contre le porteur pour défaut de diligence.

Mais si l'aval se trouve sur un endossement, il n'y a action qu'au profit des endosseurs postérieurs, et les cédants antérieurs se trouvent, au contraire, par la subrogation légale, débiteurs du donneur d'aval qui a remboursé le porteur. — En pareil cas, le porteur ne conserve son recours contre le donneur d'aval qu'à la charge d'accomplir les formalités prescrites, et dans les délais établis à l'égard des endosseurs (Nouguier, t. 1, p. 322).

Les droits du donneur d'aval sont tracés par les articles 2028-2029 et 2030 du Code civil.

L'aval donné après l'échéance d'une lettre de change ne serait qu'un cautionnement pur et simple sans solidarité.

CHAPITRE IV.

Des Actes qui peuvent et doivent faire partie de la Lettre de Change.

SECTION PREMIÈRE.

De l'Endossement.

Lorsque la lettre de change a été remise au preneur, ou bénéficiaire, celui-ci peut la garder pour se la faire payer à l'échéance; mais les trois quarts du temps il la négocie, la cède, par la voie de l'endossement, à un tiers qui agit aussi souvent de la même manière. — Il suit de là que l'endossement joue un grand rôle dans la matière des effets de commerce. — Il importe donc, avant d'aller plus loin, d'en expliquer la forme et les caractères.

La propriété d'une lettre de change se transmet par la voie de l'endossement (Art. 136).

L'endossement est le transport au moyen duquel le propriétaire d'une lettre de change substitue à ses droits un cessionnaire, qui prend le nom de porteur jusqu'à ce que, opérant lui-même un sous-transport, il devienne à son tour un endosseur. — On dit de l'endosseur qu'*il passe son ordre* (Voir les notes).

§ 1er.

Forme de l'Endossement.

D'après l'article 137 du Code de commerce, l'endosse ment doit être daté ; il doit exprimer la valeur fournie, et énoncer celui à l'ordre de qui il est passé.

Ce qui a été dit par rapport à la lettre de change, relativement à l'énonciation de la date, de la valeur fournie, et du nom de celui à l'ordre duquel elle est souscrite, doit s'appliquer à l'endossement.

L'endossement est régi par la loi du lieu où il est écrit : *locus regit actum.*

Il est mis ordinairement au dos de la lettre de change dans la forme suivante :

Payez à l'ordre de M. P..... valeur reçue comptant (ou de toute autre manière).

(*La date.*)　　　　　　　　　(*La signature.*)

Il peut arriver quelquefois qu'après avoir endossé une lettre de change en faveur d'un individu, la négociation venant à manquer par quelque cause, cet individu ne se charge point de l'effet, alors souvent les négociants, pour ne pas raturer leurs endos, se font faire une rétrocession, au moyen d'une contre-passation de l'ordre. Ce système peut avoir des inconvénients pour celui qui rétrocède : car si l'effet est négocié, il figure au rang des endosseurs et se trouve caution du paiement. Il est plus prudent de faire sur l'endos une simple croix, de telle sorte qu'il soit facile de lire les caractères mis au néant. — On peut d'ailleurs vérifier ainsi si l'auteur de l'endos n'a pas rayé des stipulations autres que celles qui émanaient de lui, par exemple, un à-compte qui aurait été payé.

L'endossement peut-il être fait par acte notarié ? (Voir les notes.)

Peut-il être fait après l'échéance? (Voir les notes.)

§ 2.

Effets de l'Endossement.

L'endossement complique la lettre de change d'un obligé de plus. — Il produit, entre l'endosseur et celui à qui l'ordre est passé, les mêmes obligations et les mêmes actions que la lettre engendre entre le tireur et le preneur, sauf que l'endosseur n'est pas tenu de faire remettre la provision, et qu'il n'a pas besoin d'en justifier l'existence pour opposer la déchéance au porteur qui n'a pas fait les poursuites en temps utile.

En cas de refus d'acceptation ou de paiement, le porteur

a effet non-seulement contre la personne qui lui a passé son ordre, mais encore contre les autres endosseurs, considérés comme ayant traité chacun avec lui par l'intermédiaire de leur cessionnaire.

L'endossement régulier crée en faveur de celui qui a ordre une présomption de propriété, qui pourrait néanmoins être anéantie par la preuve contraire, ou pourrait prouver, par exemple, qu'un endos en blanc a été rempli par abus; que l'endossement a été surpris par dol et fraude, ou extorqué par violence, etc. (Cassation, 14 avril 1836). — Mais cette exception ne pourrait être opposée au tiers-porteur de bonne foi (Cassation, 5 août 1807).

L'endossement ne peut être révoqué que du consentement du cédant et du cessionnaire.

§ 3.

De l'Endossement irrégulier et de ses Effets.

L'endossement qui n'est pas conforme aux dispositions de l'art. 137 Code de commerce, est irrégulier.

Cet endossement, d'après l'art. 138 du même Code, n'opère pas le transport. Les lettres de change sont réputées appartenir à celui qui les a endossées; elles peuvent être saisies par ses créanciers et compensées par ses redevables.

Cependant, le cédant, ni ses ayant-droit, ne pourraient exciper de l'irrégularité du transport pour retenir la propriété de la lettre, dont ils auraient reçu le prix du cessionnaire. — Ce dernier serait admis à faire preuve du fournissement de la valeur, tant par titre que par témoins

(Entr'autres arrêts, cassation, 25 juin 1832 ; — 31 juillet 1833).

L'endossement en blanc est très-irrégulier, et il offre une foule d'inconvéniens ; notamment, l'effet peut être égaré et le premier venu peut le remplir à son ordre. Quelquefois celui qui est chargé d'en faire le recouvrement se l'approprie.

Néanmoins, le porteur d'un effet endossé en blanc, qui a fourni la valeur de cet effet, peut remplir l'endossement et le rendre régulier (Cassation, 11 février 1833).

Il est aujourd'hui généralement reconnu et souverainement jugé, qu'un endossement irrégulier vaut procuration, soit pour négocier, soit pour recevoir, soit pour faire tous les actes d'un mandataire général et spécial (Cassation, 17 décembre 1827. — Nouguier, t. 1, p. 303).

En vertu de ce principe, la jurisprudence a décidé qu'un endossement régulier a tous ses effets à la suite d'un ordre irrégulier. Ainsi, on a décidé que si celui qui n'a en sa faveur qu'un endossement irrégulier transporte, en vertu de cet endossement, le titre à un tiers, au moyen d'un ordre régulier, il demeure garant du paiement de l'effet. — Encore qu'il ait agi comme mandataire (Cassation, 1er décembre 1829).

SECTION DEUXIÈME.

De la Provision.

La lettre de change une fois mise en circulation, le tireur doit prendre ses mesures pour que le paiement en soit effectué. Il doit faire parvenir les fonds au tiré, si ce dernier ne les a déjà, c'est-à-dire faire la *provision.*

La provision est l'ensemble des fonds ou valeurs envoyés au tiré, ou des dettes existant entre ses mains, et destinés à solder la lettre de change.

D'après l'art. 116 du Code de commerce, il y a provision si, à l'échéance de la lettre de change, celui sur qui elle est tirée est redevable au tireur ou à celui pour le compte de qui la lettre est tirée, d'une somme au moins égale au montant de la lettre de change. — Il n'est pas nécessaire, pour qu'il y ait provision, que les sommes dues par le tiré soient liquides; il suffit que les valeurs déposées aux mains du tiré soient disponibles, ou que les droits du tireur contre lui soient certains, c'est-à-dire que ses actions ne puissent être repoussées par des exceptions telles que celles résultant d'un compte à faire, ou de compensations opérées avant l'échéance de la lettre de change (Locré, sur l'art. 116. — Pardessus, *Contrat de change*, t. 1, p. 87).

Il y a provision lorsque le tireur a ouvert un crédit au tiré, en se débitant envers lui du montant de la lettre de change, et que, d'autre part, le tiré s'est ouvert sur ses livres un crédit sur le tireur pour la même somme (Nouguier; — *Journal du Palais*, t. 14, 3ᵉ édition, p. 1093; — Pardessus, nᵒ 174; — Persil, sur l'art. 116, nᵒ 5; — Bousquet, vᵒ *Lettre de change*).

Lorsque le tiré est débiteur du tireur, le porteur devient propriétaire, en vertu de la lettre de change, des sommes dues par le tiré.

Mais si la dette n'est point exigible à l'échéance de la lettre de change, le porteur est obligé d'attendre l'époque de l'exigibilité, si mieux il n'aime recourir de suite contre le tireur (Cour de cassation, 2 février 1836).

La provision n'est pas une condition substantielle de la

validité de la lettre de change, c'est seulement un moyen d'arriver au paiement : car, dans le cas de refus d'acceptation, le porteur, au lieu de faire condamner le tireur à verser la provision, peut demander une caution assurant son désintéressement.

Nous allons envisager la provision : 1° relativement au tireur ; 2° relativement au tiré ; 3° relativement aux endosseurs ; 4° relativement au porteur.

ARTICLE 1er.

De la Provision relativement au Tireur.

« La provision doit être faite par le tireur ou par celui pour le compte de qui la lettre de change sera tirée, sans que, dans ce cas, le tireur cesse d'être personnellement obligé envers les endosseurs et le porteur seulement. » (Art. 115.)

Quoique la provision ne soit pas faite, il peut arriver que le tiré accepte la lettre de change, pour ne pas laisser la signature du tireur en souffrance. Dans ce cas, le tireur est toujours tenu de faire la provision. Si l'acceptation suppose la provision, comme l'énonce l'art. 117, § 1er, cela doit s'entendre contre le tiré, en faveur du porteur, et contre le porteur, en faveur des endosseurs ; mais cette supposition cesse à l'échéance, à l'égard du tireur, qui est tenu de prouver, même à défaut de protêt et quoiqu'il y ait eu acceptation, que la provision existait au moment de l'échéance, ainsi que l'ont décidé plusieurs arrêts, notamment un de la cour royale de Bordeaux, du 13 juillet 1831.

Le *tireur pour compte* n'est pas tenu de fournir la provision vis-à-vis du tiré, c'est l'ordonnateur qui doit le faire ;

mais il y est tenu vis-à-vis des endosseurs et du porteur. Il suit de là que, comme mandataire du donneur d'ordre, il jouit du bénéfice des art. 1999 et 2000 du Code civil, et s'il est contraint de donner caution ou paiement au porteur, il a le droit de se faire indemniser par son commettant de ses avances et des frais et pertes par lui supportés.

ARTICLE 2.

De la Provision relativement au Tiré.

Si la provision n'est pas faite, le tiré peut se refuser de payer ou d'accepter; mais si, malgré cela, il accepte, il ne peut pas revenir contre son acceptation, il est lié vis-à-vis des tiers et doit payer au porteur le montant de la traite, sauf à répéter ce montant contre le tireur (Art. 117).

Dans le cas d'une lettre de change d'ordre ou pour le compte d'un tiers, si le tiré accepte sans avoir la provision, il n'a plus aucun recours direct contre le tireur pour compte ; il ne peut s'adresser qu'au donneur d'ordre (Art. 115 Code de commerce, modifié par la loi du 19 mars 1817).

Si la provision a été fournie en argent, en marchandises, ou en effets sur des tiers, le tiré est un simple dépositaire, responsable seulement des détériorations provenant de son fait. Si, au contraire, les marchandises périssent par force majeure, si les débiteurs des effets, activement requis, ne paient pas, si le système monétaire éprouve une modification légale, ces circonstances ne peuvent pas être à sa charge, et il conserve, après le paiement fait à l'échéance, un recours en supplément de provision contre le tireur (Pardessus, n° 390).

ARTICLE 3.

De la Provision relativement aux Endosseurs.

Les endosseurs ne sont pas les véritables débiteurs de la lettre de change. Ce sont de simples intermédiaires qui ont profité du contrat de change, mais qui ne doivent rien, si ce n'est une garantie à leurs cessionnaires. S'ils sont tenus, dans le cas de refus d'acceptation ou de paiement, de rembourser le montant de la lettre de change, ils sont, d'un autre côté, subrogés aux droits du porteur (Art. 197).

L'ordonnance de 1673 soumettait les endosseurs, aussi bien que le tireur, à l'obligation de prouver que la provision existait au moment de l'échéance ; mais le Codé de commerce (art. 168-169-170), rend le porteur qui n'a pas rempli les formalités voulues par la loi, déchu de tout recours contre les endosseurs.

ARTICLE 4.

De la Provision relativement au Porteur.

La provision de la lettre de change une fois faite appartient au porteur.

Si le tiré n'accepte pas, le porteur n'a pas le droit d'actionner le tireur, pour faire que la provision soit réalisée aux mains du tiré avant l'échéance ; il ne peut que recourir contre les endosseurs, après protêt régulièrement fait faute d'acceptation, et contre le tireur lui-même, quand le protêt a été fait dans les délais voulus par la loi, pour contraindre les endosseurs et le tireur à garantir le paiement à l'échéance, en donnant caution ; mais le tireur est dispensé de fournir cette garantie, dans le cas où il prouverait que le tiré qui n'a pas accepté a néanmoins provision (Code de commerce, 117-120).

Si des marchandises ont été envoyées au tiré pour être vendues et le prix servir à solder la lettre de change, peu importe que ces marchandises ne soient point vendues à l'échéance de la traite, le porteur de la lettre de change a droit de préférence sur ces marchandises ou sur leur prix (Cassation, 3 août 1835 ; — Sirey, 35-1-868).

En cas de faillite du tireur avant l'échéance et avant l'acceptation, le porteur a-t-il droit à la provision de la lettre de change, ou bien cette provision entre-t-elle dans la caisse de la faillite, pour être distribuée à la masse des créanciers du tireur ?

Cette question, dit M. Nouguier, a soulevé de longues controverses et donné naissance à de nombreux procès. Il y a quelques années, les tribunaux semblaient éprouver quelques hésitations ; aujourd'hui, la jurisprudence est irrévocablement fixée par de graves arrêts émanés de la cour régulatrice ; et quoique de rares décisions protestent encore contre sa doctrine, favorable au porteur, elle tend à devenir universelle (Nouguier, liv. III, ch. VI, 4ᵐᵉ sect., n° 2).

Si le tiré tombe en faillite avant l'échéance, la provision continue-t-elle d'exister et appartient-elle au porteur, ou, au contraire, est-elle anéantie et retourne-t-elle à la masse des créanciers du tiré ?

Dans ce cas, si la provision consiste en effets à recouvrer, en marchandises dont le tiré n'est que le dépositaire, les créanciers du failli ne peuvent avoir des droits sur une chose qui n'appartient pas à leur débiteur. Ce principe est d'ailleurs reconnu par les art. 574-575 et 576 du nouveau texte de la loi sur les faillites, ainsi conçus :

« Pourront être revendiqués, en cas de faillite, les remises en effets de commerce, ou autres titres non encore payés, et qui se trouveront en nature dans le porte-feuilles du failli à l'époque de sa faillite, lorsque ces remises auront été faites par le propriétaire, avec le simple mandat d'en faire le recouvrement et d'en garder la valeur à sa disposition, où lorsqu'elles auront été, de sa part, spécialement *affectées à des paiements déterminés* (Art. 574).

» Pourront être également revendiquées, aussi long-temps qu'elles existeront en nature, en tout ou en partie, les marchandises consignées au failli, à titre de dépôt, ou pour être vendues pour le compte du *propriétaire*. — Pourra même être revendiqué le prix ou la partie du prix qui n'aura été ni payé, ni réglé en valeur, ni *compensé* en compte courant entre le failli et l'acheteur (575).

» Pourront être revendiquées les marchandises expédiées au failli, tant que la *tradition* n'en aura point été *effectuée* dans ses magasins ou dans ceux du commissionnaire chargé de les vendre pour le compte du failli. — Néanmoins, la revendication ne sera pas recevable si, avant leur arrivée, les marchandises ont été revendues sans fraude, sur factures et connaissements, ou lettres de voiture signées par l'expéditeur. » (Art. 576.)

L'ancien texte (art. 584) admettait aussi la revendication des effets remis en compte courant, lorsqu'à l'époque des remises le remettant n'était débiteur d'aucune somme. La dernière loi a supprimé, dans ce cas, la revendication ; en cela, dit M. Bravard-Veyrières, on a considéré que le remettant devait être placé dans la même catégorie que les autres créanciers par compte, puisqu'il avait suivi la foi du failli et l'avait volontairement constitué son débiteur.

Quoique les valeurs aient été réalisées, **M.** Nouguier prétend que la solution doit être la même, et qu'à défaut des articles précités on peut s'appuyer sur les principes généraux en matière de dépôt, sur la nature du contrat de change, et sur l'art. 136 du Code de commerce.

Si l'acceptation du tiré a été donnée antécédemment à sa faillite, la position du porteur est encore plus favorable, le contrat de change a reçu une consécration positive.

Si la provision se compose de sommes dues par le tiré, il faut distinguer deux cas : ou bien le tiré n'a pas accepté, et dès-lors il n'a pas entendu se libérer pour le montant de la traite, il n'a pas déclaré qu'il réservait une partie de la dette à son paiement, aucun dépôt n'est dans ses mains, il n'y a qu'une créance ordinaire ; — ou bien il y a acceptation, et dès-lors le tiré a mis en dehors de son actif une somme suffisante pour la provision, somme dont il ne peut plus disposer, et qui par conséquent ne peut pas appartenir à ses créanciers.

D'ailleurs, l'art. 446 du nouveau texte de loi sur les faillites, qui permet au failli de payer les dettes échues au moyen d'effets de commerce, ne peut laisser aucun doute sur ce point.

La déchéance est-elle acquise au tireur, dans le cas d'une lettre de change payable au domicile d'un tiers, non protestée faute de paiement, si le tireur établit qu'il y avait provision entre les mains du tiré, quoique cette provision ne fût pas au domicile indiqué? Il semble à M. Nouguier (p. 206 et 207) que l'affirmative doit être décidée; il se range à l'opinion de MM. Pardessus, Dalloz et Merlin, sur le réquisitoire duquel la cour de cassation rendit son arrêt du 24 février 1812.

SECTION TROISIÈME.

De l'Acceptation.

Donner son acceptation à une lettre de change, c'est adhérer à la disposition faite par le tireur, agréer et se rendre personnelles, vis-à-vis du porteur, les obligations qu'elle contient; et vis-à-vis du tireur, c'est accepter le mandat de payer au porteur, au temps et lieu convenus, la somme dont il a fourni la valeur.

Il importe d'envisager l'acceptation dans ses rapports avec le tireur, avec le tiré, avec les endosseurs, et avec le porteur; de dire quelle est sa forme, et dans quels délais elle doit être donnée; quels sont ses effets; rechercher si elle est irrévocable; enfin, déterminer les actes et les conséquences qu'entraîne le refus de la fournir.

ARTICLE 1ᵉʳ.

Des droits et des devoirs du Tireur relativement
à l'Acceptation.

Le tireur s'engage non-seulement à faire payer la lettre de change, mais encore à la faire accepter. « Le tireur et les endosseurs d'une lettre de change (dit l'art. 113 Code de commerce) sont garants solidaires de l'acceptation. »

Dans les lettres de change tirées pour le compte d'un tiers, c'est à l'ordonnateur à procurer l'acceptation. — Le tiré accepte sur son avis.

Mais, si le tiré n'accepte pas, le tireur est responsable vis-à-vis du porteur.

Si le tireur doit prévenir le tiré qu'il a fourni une traite sur lui pour le compte d'un *tel*, le tiré, de son côté, doit avertir le tireur si la provision n'est pas faite, et s'il accepte pour son compte seulement, afin qu'il puisse agir contre le donneur d'ordre.

ARTICLE 2.

Des droits et devoirs du Tiré relativement à l'Acceptation.

Lorsque le souscripteur de la traite, ayant accompli ses obligations, a versé la provision entre les mains de celui qui doit l'acquitter et l'a avisé , l'acceptation devient, pour le tiré, un devoir, à l'accomplissement duquel des dommages-intérêts se lient comme sanction pénale.

« Si le tiré n'est pas commerçant, ou obligé pour dette
» commerciale envers le tireur, il peut refuser l'accepta-
» tion, encore qu'il soit débiteur d'une somme égale au
» montant de la lettre de change, parce qu'il ne peut dé-
» pendre de la volonté seule du tireur de le soumettre à
» la juridiction commerciale, ce qui est la suite nécessaire
» de l'acceptation de la lettre de change. » (Favard de Langlade, *Répertoire*, v° *Lettre de change , sect.* II, § 2.) Pothier et Merlin professent la même opinion.

Si une lettre de change était tirée sur deux personnes, le porteur aurait le droit de requérir l'acceptation vis-à-vis des deux.

La convention qui lie le tiré au tireur est un contrat de mandat. L'art. 1991 du Code civil lui est applicable. — Il suffit donc que le tiré se soit engagé à faire bon accueil à la traite qu'on souscrirait sur lui pour qu'il soit tenu de l'accepter; mais il pourrait renoncer au mandat avant que le tireur n'eût profité de son offre, en prévenant ce dernier qu'il n'entend pas faire honneur à la lettre de change (2007 Code civil).

Celui sur qui une lettre de change a été tirée d'ordre et pour le compte d'un tiers, peut, après en avoir donné avis au tireur, accepter pour le compte de ce dernier, et non pour celui de l'ordonnateur. — L'acceptation ainsi restreinte ne doit pas être précédée de protêt (Cassation, 22 décembre 1835).

ARTICLE 3.

Des droits et des devoirs des Endosseurs relativement à l'Acceptation.

Les endosseurs ne sont pas obligés directement de procurer la provision, et ce n'est que par voie de garantie que le porteur peut exercer son recours contre eux.

L'endosseur n'est soumis, vis-à-vis du tiré, à aucun devoir direct, ni indirect, sauf dans le cas où ce dernier, refusant d'accepter pour le tireur, intervient après protêt, par honneur pour l'endosseur ; alors celui-ci lui devra compte de ce qu'il aura payé à sa décharge.

ARTICLE 4.

Des droits et des devoirs du Porteur relativement à l'Acceptation.

Dans les cas ordinaires, il est facultatif au porteur de requérir ou de ne pas requérir l'acceptation.

Mais l'acceptation doit être requise quand la lettre de change est payable à tant de jours, de mois, ou d'usances de vue.

« Le porteur d'une lettre de change, tirée du continent et des îles de l'Europe, et payable dans les possessions européennes, soit à vue, soit à un ou plusieurs jours, ou mois, ou usance de vue, doit en exiger le paiement ou l'acceptation dans les six mois de sa date, sous peine de perdre son recours sur les endosseurs, et même sur le tireur si celui-ci a fait provision. »…. (Art. 160.)

La suite de cet article règle les délais pour les lettres de change tirées ou payables dans d'autres lieux.

Ces délais peuvent être étendus ou restreints par une convention qui y déroge (Bravard-Veyrières).

Dans le cas de l'art. 160, le porteur peut présenter la lettre de change à l'acceptation pendant tout le délai qui lui est accordé par la loi ; il n'est tenu de faire le protêt constatant le refus d'acceptation, que le dernier jour du terme fixé par la loi (Nouguier, p. 365 et suiv.).

Lorsque le tireur a prescrit au porteur de présenter la lettre à l'acceptation, en n'observant pas cette formalité, le porteur ne serait pas déchu du droit contre ses obligés, mais il pourrait s'exposer à une action en réparation du

dommage causé par son fait (Bruxelles, 20 avril 1811 ;
— Cassation, 7 mars 1815. — Pardessus, Nouguier).

Quelquefois le tireur interdit au porteur le droit de
requérir l'acceptation. Cette restriction doit être clairement exprimée pour que les tiers-porteurs ne puissent pas
être induits en erreur (Rouen, 30 juillet 1835). Dans ce
cas, l'on peut mettre : Payez par cette seule de change,
non susceptible d'acceptation , la somme de....

Lorsque le tireur a indiqué, comme lieu de paiement,
un autre domicile que celui du tiré, c'est à ce domicile
que le porteur doit se présenter pour requérir l'acceptation.

Dans le cas d'une traite d'*ordre* et *pour compte*, si le tiré
refuse d'accepter pour le donneur d'ordre, et accepte en
faveur du tireur pour compte, le porteur ne doit recevoir
une pareille restriction qu'après un protêt contre le donneur d'ordre, protêt conservant les droits du tireur, auquel
il devra même donner connaissance de cette résolution.

Si, par suite d'endossements successifs, une lettre de
change tombait entre les mains du tiré, ce dernier serait
alors porteur et tiré et pourrait agir en cette double qualité.

ARTICLE 5.

*De la forme de l'Acceptation et des Délais dans lesquels
elle doit être donnée.*

L'acceptation doit être exprimée par le mot *accepté*, et
doit être signée (Art. 122 Code de commerce).

Cependant, l'expression *accepté* n'est pas sacramentelle,
le tiré peut en choisir toute autre, et dire : *Je ferai hon-*

neur, je paierai, j'acquitterai, pourvu que le mot qu'il emploira soit clair et précis.

Une signature en blanc ne vaudrait pas acceptation, elle vaudrait seulement comme commencement de preuve par écrit (Cassation, 20 mars 1832).

Ordinairement, elle est mise au bas de la lettre de change, mais la loi ne prohibe pas de la donner par lettre missive *adressée au porteur* (Discussion au Conseil-d'Etat; — Locré, Merlin, Pardessus, Nouguier).

Il est prudent de la part du tiré, pour se soustraire aux effets d'une falsification qu'on pourrait commettre dans l'expression de la somme à payer, d'indiquer dans son acceptation la somme pour laquelle il s'oblige.

Quand la lettre de change est payable à jour fixe, il est inutile de dater l'acceptation, mais si l'échéance est à tant de jours de vue, l'acceptation servant alors de visa, il est indispensable de mettre la date qui fait courir le délai. Le défaut de date, dans ce cas, rend la lettre exigible, au terme y exprimé, à compter du jour de sa création (Art. 122, § 3, Code de commerce).

La rigueur de cette disposition de la loi est justifiée par les graves inconvénients que peut, dans ce cas, entraîner le défaut de date ; par exemple, s'il a fallu envoyer la lettre à l'acceptation dans un pays éloigné, et qu'elle revienne avec une acceptation non datée, il peut se faire que lorsqu'elle arrivera le porteur ne soit plus dans les délais pour recourir contre les endosseurs; dans ce cas, cependant, il n'y a pas de sa faute et il ne doit pas perdre ses garanties. Du reste, M. Pardessus dit, au sujet de l'art. 122 (*Traité du contrat de change,* t. 1, p. 152), que les tribunaux peuvent modifier le principe qu'il contient, suivant les circonstances, la bonne foi et les livres des parties.

L'acceptation doit être faite purement et simplement et sans condition (Art. 124). Le porteur peut prendre l'acceptation conditionnelle pour un refus de paiement, et faire protester la lettre de change. S'il se contente d'une acceptation conditionnelle, il le fait à ses risques et périls, à l'égard du tireur.

Mais l'acceptation peut être restreinte, quant à la somme acceptée. Dans ce cas, le porteur est tenu de faire protester la lettre de change pour le surplus (124).

Si le tiré est créancier du porteur, il peut accepter ainsi : *Accepté pour payer à moi-même.* Si le porteur se contente de cette acceptation, et que, malgré cela, il négocie la lettre à un tiers, le tiré sera-t-il obligé d'en payer le montant à ce dernier? Voir aux notes concernant cette section les opinions pour et contre. D'ores et déjà, nous nous prononcerons, avec M. Nouguier, pour la négative, et nous dirons avec lui que l'acceptation *pour payer à moi-même* a révélé la position du cédant, et appris la volonté expresse de compenser, de la part du tiré, et que si, malgré cet avertissement, la négociation a lieu, elle doit être aux risques de celui qui devient cessionnaire. Si, dans le même cas, le porteur, prenant l'acceptation *pour payer à moi-même* pour un refus d'acceptation, fait protester et demander au tireur, ou une caution solvable, ou son remboursement immédiat, le tireur peut prendre la place du tiré et demander la compensation contre le porteur, ou bien faire ordonner que le tiré prendra son fait et cause, et assumera sur sa tête toutes les condamnations qui pourraient être prononcées (Nouguier, t. 1, p. 234 et suiv.).

S'il y avait, au préjudice du porteur, une saisie-arrêt entre les mains du tiré, ce dernier devrait accepter *pour payer à qui par justice serait ordonné, avec un tel saisissant.*

Une lettre de change doit être acceptée à sa présentation, ou, au plus tard, dans les vingt-quatre heures de sa présentation (Art. 125).

Pour constater cette présentation, le porteur doit avoir le soin de se faire remettre une reconnaissance attestant le dépôt de la lettre.

Après les vingt-quatre heures, si la lettre de change n'est pas rendue acceptée ou non acceptée, celui qui l'a retenue est passible de dommages-intérêts envers le porteur.

ARTICLE 6.

Des effets de l'Acceptation.

Par l'effet de l'acceptation, le tiré devient le débiteur direct de la lettre de change. C'est d'abord à lui que le porteur doit s'adresser pour en avoir paiement; et ce n'est qu'après l'accomplissement des formalités prescrites contre lui, que le porteur recourt aux autres signataires par voie de garantie (Art. 117-118-119).

Par l'acceptation, le tiré se constitue le mandataire du tireur, et doit agir suivant les devoirs qui résultent de cette qualité.

Il n'est pas restituable contre son acceptation, quand même le tireur aurait failli à son insu avant qu'il eût accepté (Art. 121).

ARTICLE 7.

De l'irrévocabilité de l'Acceptation.

Dès le moment que l'acceptation est librement consentie et remise entre les mains du porteur, elle est irrévocable et ne peut pas être retirée, du consentement même de ce dernier, parce qu'elle est un contrat complexe dans ses effets, et qui produit des engagements non-seulement vis-à-vis du porteur, mais encore vis-à-vis du tireur et des endosseurs.

En conformité de ces principes, la cour de cassation a décidé, notamment par son arrêt du 20 avril 1837, que l'accepteur ne pouvait pas biffer sa signature, même lorsque la traite n'était pas sortie de ses mains, s'il avait écrit au tireur qu'il tenait la 1re acceptée à la disposition du porteur de la 2me.

Mais l'accepteur peut-il biffer sa signature tant qu'il n'a pas écrit au tireur qu'il avait accepté, et que la lettre de change n'est pas sortie de ses mains? (Voir les notes.)

L'accepteur ne pourrait pas, dit M. Nouguier, invoquer l'erreur pour revenir contre son acceptation, mais il pourrait invoquer la violence et le dol. — L'art. 121 montre, du reste, qu'à cet égard telle a été l'intention du législateur, puisqu'il porte que l'accepteur n'est pas restituable contre son acceptation, quand même le tireur aurait failli, à son insu, *avant* qu'il eût accepté.

ARTICLE 8.

Du refus d'Acceptation et de ses effets.

Si le tiré refuse l'acceptation, ce refus est constaté par

un acte que l'on nomme *protêt faute d'acceptation* (119.
— Voir au livre suivant, *devoirs et droits du porteur ;* —
Protêt).

ARTICLE 9.

De l'Acceptation par intervention.

Lorsque le tiré refuse l'acceptation, le porteur peut faire
protester et exercer des poursuites. — Pour empêcher ces
poursuites, on a introduit l'usage de l'acceptation dite
sous-protêt, par intervention, pour faire honneur, au moyen
de laquelle un tiers déclare qu'il se porte garant du paiement à l'échéance, qu'il l'effectuera à défaut, et ce, suivant les expressions du commerce, pour honorer la
signature d'un tel tireur ou endosseur. — Il se forme alors
le quasi-contrat *negotiorum gestor* (1375 Code civil).

L'intervenant se présente à l'huissier lors du protêt
faute d'acceptation, et déclare qu'il accepte par intervention, et il signe cette déclaration consignée sur le
protêt lui-même (126), dans lequel il est dit : *Le sieur.....
a accepté sous protêt et en faveur d'un tel.*

Il n'y a que ceux qui ne sont pas engagés au titre qui
puissent valablement accepter sous protêt.

Le tiré peut accepter. — Il en est de même du porteur.

Celui qui est indiqué au besoin peut encore accepter.

Si plusieurs individus requièrent concurremment intervention, celui qui opère le plus de libérations doit être
préféré (Analogie de l'art. 159).

Ainsi, celui qui intervient pour le tireur doit être préféré à celui qui intervient pour le premier endosseur ; celui

qui intervient pour le premier endosseur, à celui qui intervient pour le deuxième. — Entre personnes éteignant le même nombre d'obligations, on doit préférer d'abord celle qui aurait un mandat spécial de chacun des débiteurs ; puis le tiré qui, ayant été désigné par le tireur, a de sa part un mandat tacite ; ensuite le besoin qui a également un ordre subsidiaire ; enfin, celle dont l'intervention peut être la plus utile et entraîner le moins de frais, et dans ce cas, l'appréciation est laissée au bon sens des magistrats (Nouguier, p. 268).

Si l'accepteur par intervention n'indiquait pas la personne qu'il entend cautionner, l'acceptation serait réputée faite pour tous les débiteurs.

On ne peut pas accepter pour quelqu'un qui en aurait fait la défense expresse. L'intervenant sous protêt se met au lieu et place du tiré, et faute par ce dernier de payer à l'échéance, il doit payer lui-même à la décharge de la personne dont il a honoré la signature.

« Le porteur de la lettre de change conserve tous ses droits contre le tireur et les endosseurs, à raison du défaut d'acceptation par celui sur qui la lettre était tirée, nonobstant toutes acceptations par intervention (128). » Le porteur de la lettre de change comptant sur le tiré pour le paiement de la traite, sur sa solvabilité et sa réputation commerciale, on ne pouvait pas l'obliger à accepter la substitution d'une autre personne en laquelle il n'aurait pas la même confiance.

Si l'acceptation par intervention, dit M. Locré, n'a aucune utilité légale, elle présente en fait un très-grand avantage. En effet, si le porteur a confiance dans la solvabilité de l'intervenant, il arrêtera ses poursuites devenues sans objet. — L'intervenant exige même, presque toujours, que le porteur renonce à son recours.

La conséquence forcée de l'art. 128 est que l'accepteur intervenant n'est pas subrogé aux droits du porteur, puisque ce dernier conserve tous les siens.

L'accepteur par intervention est une caution volontaire qui suit la fortune de l'obligé principal. — La durée de sa garantie doit cesser avec celle du débiteur dont il a répondu (Persil, sous l'art. 128. — Nouguier).

« L'intervenant est tenu de notifier, sans délai, son intervention à celui pour qui il est intervenu (127). Ce dernier a intérêt à être averti ; s'il ne l'était pas, il pourrait envoyer la provision au tiré dont il ne connaîtrait pas le refus d'accepter, et perdre son argent si ce dernier venait à faire faillite.

L'intervenant doit donc lever une expédition du protêt et la signifier. La loi n'a pas déterminé de délai fatal, mais l'intervenant doit faire les plus grandes diligences, s'il ne veut pas s'exposer à des dommages-intérêts.

CHAPITRE V.

De la Solidarité.

Tous ceux qui ont tiré, endossé, accepté une lettre de change, donné un aval ou cautionné un des signataires, sont tenus à la garantie solidaire envers le porteur de l'acceptation, et du paiement intégral de la lettre de change et de ses accessoires (Code de commerce 118-140-142).

Ces expressions envers le porteur, dit M. Nouguier, doivent s'entendre non-seulement du porteur actuel, mais

de tous ceux qui, soit par négociation, soit par remboursement, deviendront *porteurs*.

Voici les principales dispositions de la loi civile qui s'ap-
pliquent à la lettre de change, en matière de solidarité.

« 1200. Il y a solidarité de la part des débiteurs, lorsqu'ils sont obligés à une même chose, de manière que
chacun puisse être contraint pour la totalité, et que le
paiement fait par un seul libère les autres envers le créancier.

» 1203. Le créancier d'une obligation contractée solidairement peut s'adresser à celui des débiteurs qu'il veut
choisir, sans que celui-ci puisse lui opposer le bénéfice de
division.

» 1204. Les poursuites faites contre l'un des débiteurs
solidaires interrompent la prescription à l'égard de tous.

» 1207. La demande d'intérêts formée contre l'un des
débiteurs solidaires fait courir les intérêts à l'égard de tous.

» 1208. Le codébiteur solidaire poursuivi par le créancier peut opposer toutes les exceptions qui résultent de la
nature de l'obligation, et toutes celles qui lui sont personnelles, ainsi que celles qui sont communes à tous les codébiteurs.

» Il ne peut opposer les exceptions qui sont purement
personnelles à quelques-uns des autres codébiteurs. »

« — La solidarité des garants dans une lettre de change,
après le remboursement fait par l'un d'eux, subsiste au
profit de celui qui a payé, lequel se trouve subrogé aux
droits du porteur contre ceux des endosseurs qui le précèdent, et contre le tireur et le tiré accepteur ou muni de
provision (164).

» Le porteur peut, à cet effet, poursuivre collectivement tous les signataires ou s'adresser, à son choix, à l'un d'entre eux (164); mais la caution, soit du tireur, soit de l'un des endosseurs, n'est solidaire qu'avec celui qu'elle a cautionné (120).

» Celui des endosseurs qui a donné caution au porteur peut, de son côté, réclamer une caution semblable aux endosseurs et au tireur, qui lui doivent garantie. — Au lieu d'une caution à fournir, on peut consigner à la caisse des dépôts et consignations le montant de la lettre de change, des frais et autres accessoires (Pardessus, n° 382; Devil. et Massé, n°s 292-293-294-295).

CHAPITRE VI.

De l'extinction des Obligations résultant de la Lettre de Change.

Ces obligations s'éteignent par :

1° Le paiement;

2° La novation;

3° La remise volontaire;

4° La compensation;

5° La confusion;

6° La prescription.

SECTION PREMIÈRE.

Du Paiement.

1° A qui il doit être effectué; 2° par qui il doit l'être; 3° quand et en quelles espèces; 4° paiement des lettre perdues; 5° effets du paiement; 6° du paiement par intervention et de ses effets.

§ Ier.

A qui le Paiement doit être effectué.

Le paiement doit être effectué entre les mains du véritable créancier, au moment de l'échéance, comme bénéficiaire ou comme porteur, en vertu d'endossements réguliers, ou à celui qui a qualité ou pouvoir de recevoir pour lui.

§ II.

Par qui le Paiement doit être effectué.

Il doit l'être par le tiré, qui se fait restituer le titre, et qui a ordinairement soin de faire mettre au dos l'acquit du porteur.

Dans le cas de refus du tiré, le paiement est fait quelquefois par un tiers qui intervient (Voir le § VI de la présente section).

§ III.

Quand et en quelles espèces le Paiement doit être effectué.

Il est important pour le commerce que la lettre de change soit payée le jour de l'échéance, aussi le législateur a-t-il dérogé, à cet effet, aux principes de la loi commune. — En effet, non-seulement par l'art. 135 il a abrogé tous les délais de grâce, de faveur, d'usage ou d'habitude locale, et par l'art. 157 déclaré que les juges ne peuvent accorder aucun délai pour le paiement d'une lettre de change. — Il a voulu, en outre, que si l'échéance d'une lettre de change est à un jour férié légal, elle soit payable la veille (134 Code de commerce).

Le porteur d'une lettre de change ne peut pas être contraint d'en recevoir le paiement avant l'échéance (Art. 146).

Celui qui paye une lettre de change avant son échéance est responsable de la validité du paiement (144).

Il n'est admis d'opposition au paiement qu'en cas de perte de la lettre de change, ou de la faillite du porteur (Art. 149).

La lettre de change doit être payée dans la monnaie qu'elle indique (art. 143), quand même cette monnaie n'aurait pas cours dans le lieu du paiement (Vincent, Nouguier).

Si la lettre porte non telle espèce, mais telle somme de monnaie étrangère, le débiteur a le choix de donner celles qui ont cours dans le pays dont la monnaie est désignée, ou de payer, en espèces du lieu où il est, la juste valeur de la monnaie étrangère , suivant le cours du change (Induction tirée de l'art. 338. — Vincens, Nouguier).

Dans les pays où certains papiers sont formellement assimilés par la loi à une monnaie , le porteur ne peut se refuser à les recevoir, à moins qu'il n'ait stipulé que le paiement se ferait en numéraire. — En France, les billets de banque ne jouissent pas de ce privilége (Avis du Conseil-d'Etat du 30 frimaire an XIV).

Si la lettre de change ne renferme aucune stipulation précise sur la nature de la monnaie qui sera comptée, le paiement peut être fait en pièces d'or et d'argent ayant cours.

Le créancier ne peut être forcé à recevoir en monnaie de billon que l'appoint de la somme de cinq francs, c'est-à-dire 4 fr. 95 cent. au plus. C'est ce que déclare en termes exprès le décret du 13 août 1810.

Lorsque la somme à payer est de 500 fr. , ou au-dessus,

et que le paiement est fait en pièces d'argent, le débiteur doit fournir un sac pouvant contenir au moins mille francs, et le créancier doit lui en tenir compte, à raison de 15 cent. par sacs; c'est ce qu'on appelle le *passe de sacs* (Décret, 10 juillet 1809).

Le mode de paiement en sacs et au poids, ne prive pas celui qui reçoit de la faculté d'ouvrir les sacs, et de vérifier et compter les espèces en présence du payeur (Décret du 10 juillet 1809).

§ 4.

Paiement des Lettres de Change perdues.

Lorsque le porteur a perdu la lettre de change, il doit le révéler au tiré par un acte extra-judiciaire contenant opposition au paiement et conservant ses droits (Art. 149).

Après cette formalité, le porteur peut exiger le remboursement en vertu d'une 2e, 3e, 4e, s'il y a plusieurs exemplaires (Art. 150).

Si l'un de ces exemplaires a été revêtu de l'acceptation, le paiement ne peut être exigé sur la présentation d'un autre exemplaire qu'en vertu d'une ordonnance du juge et en donnant caution (Art. 151).

S'il n'y a eu qu'une seule lettre de change, le porteur a le droit, ou d'attendre l'échéance, ou, si cette échéance est éloignée, de se pourvoir afin d'obtenir un duplicata, en conformité de l'art. 154 ; et, dans ce cas, les endosseurs ne peuvent refuser leurs noms sous prétexte que le réclamant n'a pas fait contre elle les diligences prescrites par la loi ; car le recouvrement d'un exemplaire peut avoir pour résultat de mettre le demandeur à même d'agir contre quelques obligés, au profit desquels la déchéance n'est pas encore encourue (Pardessus, t. 2, n° 409, p. 455).

Tous les frais que nécessite cette opération sont supportés par celui qui réclame un nouvel exemplaire. — Mais l'endosseur qui refuserait de remplir son obligation serait passible des frais et des faux-frais qui pourraient être faits depuis son refus (*Id.*).

Une fois que le porteur a obtenu un nouvel exemplaire, il doit suivre, à l'égard du tiré, la marche indiquée plus haut.

Lorsque celui qui a perdu la lettre de change, acceptée ou non, ne peut représenter la 2ᵉ, 3ᵉ, 4ᵉ, etc., il peut demander le paiement de la lettre de change perdue, et l'obtenir par ordonnance du juge (c'est-à-dire en vertu d'un jugement; le mot ordonnance a été employé ici dans un sens impropre), en justifiant de sa propriété par ses livres, et en donnant caution (Art. 152). Cette justification ne pourrait pas se faire par la correspondance seule (Discussion au Conseil-d'Etat). Néanmoins, M. Nouguier pense qu'on ne doit pas exiger le même genre de preuve des individus non négociants, parce que généralement ils n'ont pas de livres, et qu'on doit accueillir de leur part tous titres et pièces justifiant de leur propriété.

Quand la lettre n'a pas été acceptée, il faut nécessairement appeler le prétendu tireur.

L'engagement de la caution est éteint après trois ans, si, pendant ce temps, il n'y a eu ni demandes, ni poursuites juridiques (155).

En cas de refus du paiement, sur la demande formée

en vertu des articles 151 et 152, le propriétaire de la lettre de change perdue conserve tous ses droits par un *acte de protestation*. Cet acte doit être fait le lendemain de l'échéance de la lettre de change perdue, il doit être notifié aux tireurs et endosseurs, dans les formes et délais prescrits ci-après pour la notification du protêt (153. Voir les notes pour le modèle de l'acte, liv. II, chap. II).

La demande en paiement doit-elle être formée avant l'échéance? — Non. Nouguier, t. 1er, p. 337 et suiv. — Oui. Horson, *Questions* 100 et 101. — Vincens, t. 2, n° 3, p. 276 (Voir les notes).

« Si le porteur a demandé l'ordonnance du juge, et que le juge n'ait pas jugé à propos de l'accorder, que fera-t-il? sera-t-il obligé de faire lever un acte de protestation ? — On croit que oui, quoique la loi ne le dise pas explicitement. — Il s'agit de remplir le mandat du tireur au temps prescrit. — Il faut donc se présenter quand bien même on ne serait pas muni d'une autorisation suffisante pour recevoir. — Il faut constater l'état et la disposition du débiteur à payer, et avertir le créancier-tireur qui n'a pas été satisfait. — La conservation du droit du porteur se bornera, dans ce cas, à ne pas perdre ses garants, tandis qu'il agira pour se faire donner le duplicata qui lui manque. » (Vincens, t. 2, n° 3, p. 276-277.)

§ 5.

Des Effets du Paiement.

« Celui qui paie une lettre de change à son échéance, et sans opposition, est présumé valablement libéré. » (Art. 145).

« Le paiement d'une lettre de change fait sur une 2ᵉ, 3ᵉ, 4ᵉ, etc. , est valable lorsque la 2ᵉ, 3ᵉ, 4ᵉ, etc. , porte que ce paiement annule l'effet des autres. » (Art. 147.)

«. Celui qui paie une lettre de change sur une 2ᵉ, 3ᶜ, 4ᵉ, etc. , sans retirer celle sur laquelle se trouve son acceptation, n'opère point sa libération à l'égard du tiers-porteur de son acceptation. » (Art. 148.)

« Les paiements faits à compte sur le montant d'une lettre de change sont à la décharge des tireurs et endosseurs. — Le porteur est tenu de faire protester la lettre de change pour le surplus. » (Art. 156.)

Le porteur d'une lettre de change qui, au lieu d'accepter le paiement partiel offert par le tiré, et de faire protester l'effet pour le surplus, fait protester pour le tout , rend libre, par là, dans les mains du tiré, la provision partielle qui existait auparavant, tellement que le tiré peut valablement la payer au porteur d'une nouvelle traite (Cassation, 6 mars 1837).

§ 6.

Du Paiement par Intervention et de ses effets.

Aux termes de l'art. 158 :

Le paiement par intervention a lieu lorsque, à défaut par le tiré d'acquitter la traite, un tiers, étranger à la négociation, intervient par honneur pour la signature du tireur ou de l'un des endosseurs.

La jurisprudence a jugé que l'art. 158 n'était point limitatif, et que le paiement par intervention pouvait avoir lieu également en faveur de l'accepteur (Cour royale de

Paris, 15 avril 1831). — Rien ne s'oppose donc à ce qu'il ait lieu également en faveur du donneur d'aval.

S'il y a concurrence pour le paiement d'une lettre de change par intervention, celui qui opère le plus de libération est préféré. — Si celui sur qui la lettre était originairement tirée et sur qui a été fait le protêt faute d'acceptation, se présente pour la payer, il sera préféré à tous les autres (Art. 159).

Si le paiement par intervention est fait pour le compte du tireur, tous les endosseurs seront libérés. —S'il est fait pour un endosseur, les endosseurs subséquents seront libérés (*Id.*).

Si l'intervenant a payé sans dire pour qui, il sera censé avoir voulu libérer tous les débiteurs envers le porteur.

L'intervention et le paiement doivent être constatés dans l'acte de protêt ou à la suite de l'acte (158.) Voir liv. II, chap. II). Il suit de cet article que le tiers ne peut intervenir que pendant ou après protêt.

L'huissier met la déclaration de l'intervenant à la suite ou dans le corps de l'exploi, reçoit le paiement des mains de l'intervenant, et lui remet le titre devenu désormais sa propriété.

Celui qui paie une lettre de change par intervention est subrogé aux droits du porteur, et tenu des mêmes devoirs pour les formalités à remplir (189).

SECTION DEUXIÈME.

De la Novation.

« La novation, dit l'art. 1271 du Code civil, s'opère de trois manières :

» 1° Lorsque le débiteur contracte envers son créancier une nouvelle dette qui est subtituée à l'ancienne, laquelle est éteinte ;

» 2° Lorsqu'un nouveau débiteur est substitué à l'ancien ;

» 3° Lorsque, par l'effet d'un nouvel engagement, un nouveau créancier est substitué à l'ancien, envers lequel le débiteur se trouve déchargé. »

» La novation ne peut s'opérer qu'entre personnes capables de contracter. » (Art. 1272 Code civil.)

SECTION TROISIÈME.

De la Remise volontaire.

« La remise volontaire du titre original sous signature privée, par le créancier au débiteur, fait preuve de la libération. » (Art. 1282 Code civil.)

Si le propriétaire accorde la remise à l'accepteur, cette remise libère les tireur et endosseurs.

Par la remise faite au profit du tireur, les endosseurs sont libérés, du moins de fait, puisqu'ils représentent le tireur, et que ce dernier, étant leur garant, ne peut pas exercer contre eux les droits du porteur. — Par cette même remise, si le tiré a accepté sans avoir reçu provision, son mandat cesse ; s'il avait provision, il reste le débiteur du tireur.

La remise consentie en faveur de l'un des endosseurs libère les endosseurs postérieurs.

La libération du donneur d'aval, par le fait de la remise volontaire, ne profite pas aux autres contractants.

SECTION QUATRIÈME.

De la Compensation.

« Lorsque deux personnes se trouvent débitrices l'une envers l'autre, il s'opère entre elles une compensation qui éteint les deux dettes, de la manière et dans les cas ci-après exprimés. » (Art. 1289 Code civil.)

« La compensation s'opère de plein droit par la seule force de la loi, même à l'insu des débiteurs; les deux dettes s'éteignent réciproquement à l'instant où elles se trouvent exister à la fois, jusqu'à concurrence de leur quotité respective. » (Art. 1290 Code civil.)

« La compensation n'a lieu qu'entre deux dettes qui ont également pour objet une somme d'argent ou une certaine quantité de choses fongibles de la même espèce, et qui sont également liquides et exigibles. » (Art. 1291 Code civil.)

La compensation peut être opposée au porteur, lorsqu'il est débiteur de l'accepteur ou à défaut d'acception, du tireur de somme liquide ou exigible.

Du jour où la compensation s'est opérée, le propriétaire de la lettre de change ne peut en faire un transport valable.

SECTION CINQUIÈME.

De la Confusion.

« Lorsque les qualités de créancier et de débiteur se réunissent dans la même personne, il se fait une confusion de droit qui éteint les deux créances. » (Art. 1300 Code civil.)

« La confusion qui s'opère dans la personne du débiteur principal profite à ses cautions.

» Celle qui s'opère dans la personne de la caution n'entraîne pas l'extinction de l'obligation principale.

» Celle qui s'opère dans la personne du créancier ne profite à ses codébiteurs solidaires que pour la portion dont il était débiteur. » (1301 Code civil.)

Quant aux effets de la confusion, à l'égard des divers obligés d'une lettre de change, voir ce qui a été dit à la section de la remise *volontaire*.

L'extinction de la créance par la prescription fera l'objet du dernier livre.

LIVRE SECOND.

De l'exécution forcée de la Lettre de Change.

Devoirs et droits des divers intéressés dans la Lettre de Change. — Déchéance. — Actions récursoires. — Protêts. — Rechange. — Juridiction compétente en matière de Lettres de Change.

Nous avons, dans le livre précédent, analysé les caractères essentiels ou facultatifs de la lettre de change, ainsi que les stipulations dont elle peut se compliquer depuis sa création jusqu'au paiement, et expliqué la position respective des divers intéressés. — Nous avons supposé la lettre de change acceptée par le tiré ou par un intervenant. Nous l'avons aussi supposée payée par le tiré ou par un intervenant. — Nous arrivons au défaut d'acceptation, ou de paiement, qui amène son exécution forcée. C'est ici que vont se dessiner les positions respectives des divers intéressés, leurs devoirs et leurs droits, et les moyens d'exécution consacrés par la loi.

CHAPITRE 1er.

1° Devoirs et droits des divers intéressés dans la Lettre de Change; Déchéance. — 2° Actions récursoires.

SECTION PREMIÈRE.

Devoirs et droits des divers intéressés dans la Lettre de Change. — Déchéance.

ARTICLE 1er.

Devoirs du porteur en général.

Nous avons dit, en parlant de l'acceptation, que le porteur est tenu dans certains cas de la requérir.

Un autre devoir du porteur est de demander le paiement le jour même de l'échéance (161). Plusieurs auteurs pensent que le défaut de cette formalité n'entraîne aucune déchéance (Voir les notes).

Mais un devoir auquel le porteur ne peut se soustraire est celui de faire constater le refus de paiement par un protêt fait le lendemain de l'échéance; si ce jour est un jour férié légal, le protêt est fait le jour suivant (162).

Si le propriétaire de la lettre de change laisse les délais s'écouler sans requérir l'acceptation ou le paiement, dans les cas des art. 160 et 162, le débiteur peut, afin de n'encourir aucune responsabilité ultérieure, se libérer en se conformant au décret du 6 thermidor an III (1).

Le porteur n'est dispensé du protêt faute de paiement, ni par le protêt faute d'acceptation, ni par la mort ou faillite de celui sur qui la lettre de change est tirée (163).

Si donc, au moment où il se présente, on lui annonce la mort du tiré, et qu'il ne se trouve personne pour le paiement, il doit considérer ces circonstances comme un refus de paiement, et le faire constater par un protêt. Si la veuve ou les héritiers alléguaient qu'ils sont encore dans les délais pour faire inventaire et délibérer, et qu'ils ne peuvent prendre qualité en payant la lettre de change, le protêt n'en serait pas moins dressé, mais il faudrait avoir soin d'y énoncer ces déclarations (Pothier, n° 146 ; Pardessus, n° 424).

---

(1) Art. 1er. 1° Tout débiteur de billet à ordre, lettre de change, billet au porteur, ou autre effet négociable, dont le porteur ne se sera pas présenté dans les trois jours qui suivront celui de l'échéance, est autorisé à déposer la somme portée au billet aux mains du receveur de l'enregistrement, dans l'arrondissement duquel l'effet est payable (Le délai de trois jours accordé pour faire le dépôt n'est pas de rigueur. — Cassation, 3 brumaire an VIII).

2° L'acte de dépôt contiendra la date du billet, celle de l'échéance, le nom de celui au bénéfice duquel il aura été originairement fait.

3° Le dépôt consommé, le débiteur ne sera tenu qu'à remettre l'acte de dépôt en échange du billet.

4° La somme déposée sera remise à celui qui représentera l'acte de dépôt, sans autre formalité d'icelui, et de la signature du porteur sur le registre du receveur.

5° Si le porteur ne sait pas écrire, il en sera fait mention sur le registre.

6° Les droits attribués au receveur de l'enregistrement, pour les présents dépôts, sont fixés à 1 p. %; ils sont dus par le porteur du billet.

La faillite rend la lettre de change exigible (Code de commerce 163). Et l'art. 444 nouveau texte porte : « Le jugement déclaratif de faillite rend exigibles, à l'égard du failli, les dettes passives non échues. — En cas de faillite du souscripteur d'un billet à ordre, de l'accepteur d'une lettre de change, ou du tireur à défaut d'acceptation, les autres obligés seront tenus de donner caution pour le paiement à l'échéance, s'ils n'aiment mieux payer immédiatement. » D'ailleurs, cet acte est nécessaire pour faire connaître l'état de faillite aux endosseurs qui, le plus souvent, ne sont pas sur le lieux (Pothier, n° 147; Pardessus, n° 435-424).

Dans le cas de faillite de l'accepteur avant l'échéance, le porteur peut faire protester et exercer son recours (163), même quoique la faillite ne soit que notoire (Bordeaux, 10 décembre 1832).

Le protêt est de rigueur, et son omission soumet le porteur à la déchéance prononcée par les articles 168 et 170; rien ne peut remplacer le protêt. Cependant, les intéressés peuvent, par un acte formel, ou sur le titre lui-même, en dispenser le porteur. Il est d'usage de l'exprimer par ces mots : *Retour sans frais* (Cassation, 22 décembre 1835).

Nous dirons, dans le chapitre suivant, quand, par qui, en quel lieu, doit être levé cet acte, et quelles énonciations il doit contenir.

Après avoir fait dresser le protêt, le porteur doit apprendre à ses obligés que leur débiteur principal a refusé le paiement, et doit leur dénoncer le protêt par exploit d'huissier, contenant copie textuelle de cet acte, afin que les débiteurs connaissent exactement la réponse faite par le tiré (165).

Le porteur d'une lettre de change protestée faute de paiement, peut exercer son action en garantie, — ou individuellement contre le tireur et chacun des endosseurs, — ou collectivement contre les endosseurs et le tireur. — La même faculté existe pour chacun des endosseurs, à l'égard du tireur et des endosseurs qui le précèdent (164).

A défaut de remboursement, le porteur qui exerce son recours individuellement contre son cédant, ou contre un des autres signataires de la lettre qui lui doivent garantie, doit le faire citer dans les quinze jours qui suivent la date du protêt, s'il réside dans la distance de cinq myria mètres. — Ce délai, à l'égard du cédant domicilié à plus de cinq myriamètres de l'endroit où la lettre de change était payable, sera augmenté d'un jour par deux myriamètres et demi excèdant les cinq myriamètres (165).

Ce délai de quinzaine comprend le dernier jour du terme, en sorte que, si ce jour est un jour férié légal, la signification doit être faite la veille ou le quatorzième jour (Pardessus, n° 428).

Le porteur ne peut cumuler autant de délais de quinzaine augmentés d'un jour par cinq myriamètres et demi, qu'il y a de garants intermédiaires entre son cédant et celui des signataires de la lettre qu'il lui plaît de poursuivre; il n'a, à l'égard de tous et chacun d'eux, qu'un délai de quinzaine à compter du lendemain du protêt (Code de commerce, 165. — Pardessus, n° 430; Persil, sur l'art. 165, n° 6; Nougier, p. 375; Devilleneuve et Massé, n° 313).

Mais il exerce son recours collectivement contre les endosseurs et le tireur ; il jouit, à l'égard de chacun d'eux, du délai de quinzaine, augmenté en raison des distances dont il vient d'être parlé, c'est-à-dire qu'en les assignant tous dans ce délai de quinzaine, il doit donner l'assignation pour une époque où le défendeur le plus éloigné pourra comparaître (Code de commerce, 167 ; — Vincens, t. 2, p. 326 ; Devil. et Massé, n° 315).

Il suffit à la conservation des droits du porteur de faire notifier le protêt avec citation en jugement dans la quinzaine. Il n'est pas obligé d'obtenir un jugement de condamnation. — La loi n'a pas déterminé un délai pour prendre ce jugement, et on ne conçoit pas une déchéance sans délai fatal. Le jugement pourra donc être obtenu au besoin , tant que la péremption ne sera pas encourue (Devil. et Massé, n° 316 ; Nouguier, p. 379-380. — *Contrà*, Persil, sur l'art. 165).

Quant aux délais accordés au porteur pour poursuivre les tireurs et endosseurs résidant en France, dans le cas de lettres de change tirées de France et payables hors du territoire continental de la France, en Europe, ils sont fixés par l'art. 166.

ARTICLE 2.

De la Déchéance.

L'inobservation des formalités, ou des délais ci-dessus indiqués, fait encourir au porteur une déchéance absolue de tous ses droits , ou de toutes actions en garantie , contre les endosseurs de la lettre de change (168), et même contre le tireur, si ce dernier justifie qu'il y avait provision à l'échéance (170). — Il ne conserve d'action que contre le tiré (*id.*).

Mais le cas d'empêchement par force majeure peut le relever de cette déchéance (*id.*). — (Pardessus, n° 434 ; Merlin, *Questions de droit,* v° *Protêt.* — Avis du Conseil-d'Etat du 25 janvier 1814. — Arrêté de la commission municipale de Paris, du 31 juillet 1830. — Délibération du tribunal de commerce de Paris, du même jour).

Aux tribunaux seuls il appartient de résoudre la question de la force majeure (Cassation, 28 mars 1810). — Elle réside toute entière dans les circonstances du fait. En les consultant, dit M. Nouguier, p. 386, les magistrats se demanderont si l'on retrouve cet accident fortuit, cet obstacle insurmontable, qui sont venus se placer devant la loi et déjouer ses combinaisons salutaires : ils l'admettront quand le territoire sera envahi par l'ennemi, quand un violent incendie, ou une inondation, auront interrompu les communications ; mais si le porteur, avec plus de discernement ou de précaution, a pu prévenir ou empêcher l'événement dont il se plaint, il n'y aura pas sujet de faire en sa faveur une exception réservée pour les cas extrêmes.

La déchéance encourue par le porteur, pour défaut de formalités en temps utile, est une véritable prescription qui peut être invoquée en tout état de cause (Cassation, 29 juin 1817). Elle ne constitue pas une mesure d'ordre public ; les parties, auxquelles elle est acquise, peuvent y renoncer expressément ou tacitement, et les tribunaux ne peuvent la prononcer d'office. Ainsi, lorsqu'un endosseur ne comparaît pas, les juges ne peuvent repousser la demande du porteur qui n'aurait fait qu'un protêt tardif, ou qui serait en faute pour une autre cause. » (Nouguier, p. 387.) — Ainsi, l'endosseur qui consentirait à rembourser le porteur négligent, ou retardataire, ne serait plus recevable à revenir contre lui, alors même que son propre garant lui opposerait la nullité ou tardiveté du protêt (Pardessus, n°s 433-434).

Néanmoins, le porteur négligent, ou en retard, n'encourt pas de déchéance s'il peut prouver que le tireur, ou celui des endosseurs qui voudrait la lui opposer, avait reçu, depuis l'expiration des délais fixés par le protêt, la notification du protêt, ou la citation en jugement, des fonds destinés au paiement de la lettre de change, par compte, compensation, ou autrement (171. — Voir Locré, sur cet article; Pardessus, n° 435).

ARTICLE 3.

Droits du Porteur en général, et envers chacun des Obligés en particulier.

§ 1er.

Droits du Porteur en général.

Les priviléges que la loi confère au porteur précèdent ou suivent l'échéance.

Avant l'échéance, il peut, ainsi qu'on l'a vu, requérir l'adhésion du tiré à la disposition du tireur, c'est-à-dire l'acceptation.

Quand il y a eu refus d'acceptation de la part du tiré, et constatation légale de ce refus, le propriétaire est investi de certains droits que l'art. 120 lui concède. Sur la notification de protêt faute d'acceptation, les endosseurs et le tireur sont respectivement tenus de donner caution pour assurer le paiement de la lettre à son échéance, ou d'en effectuer le remboursement immédiat avec les frais de protêt et de rechange.

Dans le cas de faillite de l'accepteur ou du tireur, comme il survient un fait qui diminue la probabilité du paiement, le porteur a encore le droit de contraindre les endosseurs à lui fournir caution. Mais, quand c'est la faillite d'un endosseur qui est déclarée, les endosseurs précédents, qui n'ont pu garantir la solvabilité des parties non encore existantes, ne sauraient encourir la même charge. (Pardessus, *Cours de droit commercial*; — Horson, *Questions* 158 et 159; — Nouguier, p. 389).

D'après l'art. 448 de l'ancienne loi sur les faillites, à l'égard des effets de commerce, par lesquels le failli se trouvait être l'un des obligés, les autres obligés étaient tenus de donner caution, s'ils n'aimaient mieux payer immédiatement; et la jurisprudence avait même décidé (Nîmes, 31 janvier 1825) que cet article s'appliquait à tous souscripteurs et à tous endosseurs, soit antérieurs, soit postérieurs à l'engagement du failli. — Le législateur de 1838 (art. 444) a supprimé le droit, pour le porteur, de demander caution en cas de faillite d'un endosseur.

Le paiement refusé et l'acte de protêt dressé, le porteur a un recours à exercer contre tous ceux qui lui ont garanti solidairement l'acquittement de la lettre de change. Ce recours s'étend à tout ce qui a fait la cause d'une perte, et comprend principal, intérêts et frais; il peut l'exercer de deux manières : il peut se couvrir au moyen d'une lettre de change appelée *retraite* (voir le chapitre III du présent livre), tirée sur l'un de ses débiteurs, de plein droit et sans l'assentiment de ce débiteur, — ou agir en vertu de l'art. 164. — Dans ce cas, le porteur saisit valablement de sa poursuite la juridiction commerciale compétente, disent les art. 631 et 632, pour juger entre toutes personnes les difficultés relatives aux lettres de change ou aux remises d'argent de place en place.

— Indépendamment des moyens ordinaires pour forcer le débiteur au paiement, la loi a conféré au créancier d'une lettre de change le droit d'exercer la contrainte par corps. Ce droit est actuellement régi par la loi du 17 avril 1832, dont voici les dispositions applicables à la matière :

« Art. 1er. La contrainte par corps sera prononcée, sauf les exceptions et modifications ci-après, contre toute personne condamnée, pour dette commerciale, au paiement d'une somme principale de 200 fr. et au-dessus. »

« 2. Ne sont point soumis à la contrainte par corps, en matière de commerce :

» Les femmes et les filles non légalement réputées marchandes publiques;

» Les mineurs non commerçants, ou qui ne sont point réputés majeurs pour fait de commerce ;

» Les veuves et héritiers des justiciables des tribunaux de commerce, assignés devant ces tribunaux en reprise d'instance, ou par action nouvelle, en raison de leur qualité. »

« 3. Les condamnations prononcées par les tribunaux de commerce, contre les individus non négociants, pour des signatures apposées, soit à des lettres de change réputées simples promesses, aux termes de l'art. 112 du Code de commerce, soit à des billets à ordre, n'emportent pas la contrainte par corps, à moins que ces signatures, ou engagements, n'aient eu pour cause des opérations de commerce, trafic, banque ou courtage.

« 4. La contrainte par corps, en matière de commerce,

ne pourra être prononcée contre les débiteurs qui auront commencé leur soixante-et-dixième année. »

« 5. L'emprisonnement pour dette commerciale cessera de plein droit après un an, lorsque le montant de la condamnation principale ne s'élèvera pas à cinq cents francs ;

» Après deux ans, lorsqu'il ne s'élèvera pas à mille francs;

» Après trois ans, lorsqu'il ne s'élèvera pas à trois mille francs ;

» Après quatre ans, lorsqu'il ne s'élèvera pas à quatre mille francs ;

» Après cinq ans, lorsqu'il sera de cinq mille francs et au-dessus.

» Il cessera pareillement de plein droit, le jour où le débiteur aura commencé sa soixante-et-dixième année. » (1)

L'art. 172 Code de commerce confère aussi au porteur d'une lettre de change protestée faute de paiement, le droit de faire saisir conservatoirement les effets mobiliers des tireurs, accepteurs et endosseurs, en vertu d'une ordonnance du président du tribunal de commerce, rendue sur simple requête et sans assignation préalable.

Cette saisie n'est pas une saisie-exécution, laquelle n'a lieu que par suite de condamnation, elle est seulement une saisie-arrêt ou opposition ; c'est ce que nous enseigne M. Locré, en rappelant la discussion du Conseil-d'Etat, dans sa note sur l'art. 172. — Cette saisie doit être suivie d'une demande en validité portée devant le tribunal civil qui, seul, peut ordonner la conversion de la saisie conservatoire en saisie-exécution.

____

(1) Art. 19. La contrainte par corps n'est jamais prononcée contre le débiteur au profit, 1° de son mari ni de sa femme; 2° de ses ascendants, descendants, frères ou sœurs, ou alliés au même degré.

§ 2.

Droits du Porteur relativement : 1° au Tiré ; 2° au Ti-
reur ; 3° aux Endosseurs ; 4° au Donneur d'Aval.

1° En ce qui concerne le tiré, dit l'art. 170, il n'y a
d'autre déchéance que la prescription quinquennale, et le
propriétaire de la lettre n'est tenu que des devoirs généraux d'un créancier ordinaire.

Le porteur peut actionner le tiré même qui n'a pas
accepté, mais qui avait provision, en se mettant au lieu
et place du tireur dont il est le cessionnaire, et en vertu
de l'art. 1166 du Code civil ; mais, dans ce cas, il doit
supporter les exceptions, les compensations légitimes dont
le tiré se serait prévalu vis-à-vis du tireur (Pardessus,
n° 416).

Le tiré qui a accepté ne peut plus se refuser au paiement, il est le *débiteur direct* du porteur (Code de commerce, 127). — Ce dernier peut l'actionner directement
sans qu'il puisse lui opposer d'autres exceptions que celles
qui pourraient résulter de sa qualité personnelle, et sauf
le recours en garantie du tiré contre les tireur, endosseurs, donneur d'aval, et autres garants (Code civil 1251).

L'accepteur poursuivi ne peut opposer, comme exception, ni le défaut de protêt, ni la qualité de simple mandataire du tireur, ni celle de créancier de ce tireur, ou
de celui au profit de qui la lettre de change a été tirée
(Pardessus, n° 415).

2° En ce qui concerne le tireur, s'il n'a pas fait provision, il reste le débiteur direct du porteur, et dans ce cas
aucune formalité n'est ordonnée par la loi. — Mais lors-

qu'il a fait provision, il a cessé d'être le débiteur principal du preneur ou de ses cessionnaires; il est devenu simple caution de la solvabilité du tiré. — Dans ce cas, le protêt, la notification, et l'assignation dans la quinzaine, sont indispensables pour le constituer en demeure de garantir le porteur.

La preuve de la provision ne saurait être faite par témoins. — Elle doit résulter de pièces, titres, correspondances, surtout lorsque le tiré a déclaré qu'elle ne lui avait point été remise (Bruxelles, 29 décembre 1808).

Si la lettre est payable à un autre domicile que celui du tiré, le tireur, pour être libéré, devra-t-il justifier non-seulement de l'existence de la provision à l'échéance, mais encore de sa présence au domicile désigné? (Voir aux notes la solution de cette question.)

Le tireur est tenu de prouver la provision, lors même qu'il y a eu acceptation (Art. 117).

3° Relativement aux endosseurs, aucune excuse légale ne relève le porteur du défaut d'accomplissement des prescriptions de la loi; ils ne sont pas tenus de prouver l'existence de la provision (Art. 168).

L'échéance arrivant, si le paiement n'est pas effectué, les endosseurs en étant garants solidaires, il survient une sorte de condition résolutoire, et ils sont tenus de restituer au porteur, qui a fait les diligences prescrites, le prix qu'ils en ont reçu (117).

L'exception établie en faveur des endosseurs est une véritable prescription, qui ne pourrait plus être invoquée par eux s'ils étaient présumés y avoir renoncé.

Il faut pourtant, pour pouvoir invoquer la déchéance, que les endosseurs justifient de la cession d'un titre réel, d'une obligation véritable, dans lequel un tireur soit valablement obligé. — Notamment, celui qui transmet un effet de commerce, après la faillite du tireur, est tenu à la garantie de droit envers son cessionnaire, encore que le protêt n'ait pas été fait (Cassation , 31 juillet 1817; 20 décembre 1821).

4° A l'égard du donneur d'aval, le porteur est soumis aux mêmes devoirs, et jouit des mêmes droits que relativement au signataire cautionné par l'aval.

SECTION DEUXIÈME.

Actions récursoires.

Lorsque le tiré a payé à découvert, il devient créancier du tireur et a un recours contre lui.

Si le tireur a envoyé la provision et qu'il soit tenu néanmoins de rembourser, faute par le tiré d'avoir payé, il a un recours contre ce dernier.

Dans ces deux cas, aucun délai n'est prescrit pour la citation en jugement. La réclamation du tiré ou du tireur est une demande ordinaire qui découle non de la lettre de change, mais d'un compte de mandat.

« Ordinairement, le porteur, non payé, s'adresse au dernier endosseur, à celui qui lui a transmis la lettre de change. Obligé de rembourser, cet endosseur devient un véritable porteur ; il tient sous sa dépendance tous les signataires du titre ; il a le droit de les assigner collectivement ou séparément ; et il jouit, à l'égard de chacun d'eux, des mêmes délais attribués à l'ancien propriétaire. — Comme de raison, il n'a pas de facultés plus étendues que celui-ci ; s'il agit non contre son cédant immédiat, mais contre un précédent endosseur, il n'a qu'un seul délai de quinzaine augmenté naturellement des délais de distance (Art. 167). A son égard, le délai court de la citation en justice. » (Nouguier, t. 1, p. 411.)

Si, pour éviter une demande judiciaire, un endosseur s'empresse de retirer le titre des mains du créancier, le remboursement volontaire ne fait pas obstacle à son recours, et le délai dans lequel il est tenu de le faire valoir commence à courir du jour du paiement amiable (Cassation, 10 novembre 1812 ; 9 mars 1818. — Sirey, t. 18-1-237 ; — Pardessus, n° 444 ; — Nouguier, t. 1, p. 412).

L'endosseur, ayant les mêmes droits que le porteur auquel il est subrogé, doit subir les mêmes déchéances.

CHAPITRE II.

Des Protêts. — 1° Notions générales. — 2° Formules.

SECTION PREMIÈRE.

Notions générales.

Le protêt est un acte solennel. — Il doit être fait par deux notaires, ou par un notaire et deux témoins, ou par un huissier et deux témoins (173). — Fait par tout autre officier public, ou sans le nombre de témoins requis, il serait radicalement nul (Code procédure, art. 585. — Pardessus, n° 419).

Outre les formalités ordinaires des exploits tracées par le Code de procédure, art. 61 et suivants, le protêt doit contenir :

1° La transcription littérale du titre (qui doit comprendre le corps de la lettre, l'acceptation, l'aval, les endossements , les signatures en blanc, les recommandations et tout ce qui a pu s'incorporer à la lettre de change (174);

2° La sommation de payer le montant de la lettre de change (ou d'accepter pour payer à l'échéance (*id.*) ;

3° L'énonciation de la présence ou de l'absence de celui qui doit payer (il suffit que l'indication de cette circonstance ressorte de l'ensemble des énonciations du protêt) ; les motifs du refus de payer, ou d'accepter, et l'impuissance ou le refus de signer (*id.*).

Les fausses énonciations dans l'acte de protêt, les omissions ou les suppositions dans la transcription des pièces , et le défaut de mention des signatures en blanc qui se trouvent sur l'effet protesté, constitueraient un faux (Pothier, n° 135 ; — Pardessus, n° 419).

M. Merlin voulait qu'on énumérât dans la loi les formalités dont le défaut devait entraîner la nullité des protêts, mais le législateur préféra laisser aux tribunaux des pouvoirs illimités à cet égard.

Le protêt peut être fait à la requête de tout porteur de l'effet, même de celui qui ne le serait que par endossement irrégulier. Mais un simple détenteur de la lettre de change n'aurait pas ce droit : il ne pourrait que faire protester à la requête du bénéficiaire du dernier endossement (Pothier, *Contrat de change,* n° 134 ; — Pardessus, n° 418 ; — Devil. et Massé, p. 595, n° 14).

Le protêt doit être fait au lieu où la lettre de change est payable ; — au domicile du tiré, ou à son dernier domicile connu ; — ou au domicile par lui choisi dans son acceptation pour le paiement (173). — Dans les lettres *à domicile*, qui sont celles payables par un individu au domicile d'un tiers, le protêt doit se faire au domicile de ce tiers; — au domicile des personnes indiquées par la lettre de change pour la payer au besoin (en s'adressant à elles dans l'ordre où on les a désignées); — au domicile du tiers qui a accepté par intervention (*id.*), indépendamment du protêt au domicile du tiré (Pothier, n° 137; — Pardessus, n° 421). — Toutes ces sommations doivent être faites par un seul et même acte (*id.*). — Si l'acte ne peut se terminer le même jour, l'huissier doit le continuer le lendemain.

En cas de fausse indication de domicile, le protêt est précédé d'un acte de perquisition (173). L'acte de perquisition seul ne suffirait pas; il faut que cet acte soit accompagné du protêt (175. — Cassation, 6 décembre 1831. — Pardessus, Nouguier).

« Les notaires et les huissiers sont tenus, à peine de destitution, dépens, dommages-intérêts envers les parties, de laisser copie exacte des protêts, et de les inscrire en entier, jour par jour et par ordre de dates, dans un registre particulier, coté, paraphé et tenu dans les formes prescrites pour les répertoires. » (176.) — Ce registre n'est pas soumis au visa mensuel du receveur de l'enregistrement (Instruction générale de la régie des domaines du 9 mars 1809. — Sirey, 10-2-336).

L'huissier n'est responsable de la nullité du protêt que vis-à-vis du porteur au nom duquel il a protesté, et de qui seul il tient son mandat. — Il ne l'est pas vis-à-vis de l'endosseur qui a remboursé le porteur sur le vu du protêt, sans en opposer la nullité (Code civil, 1382-1991; Code de procédure, 1031. — Cassation, 17 juillet 1837. — Sirey, t. 37, 1-563; — Dalloz, *Recueil périod.*, t. 37-1-399).

Les actes de protêt doivent être enregistrés dans les délais de quatre ou dix jours, selon que le protêt est fait par un huissier ou un notaire (loi du 22 frimaire an **VII**, art. 20 (1).

SECTION DEUXIÈME.

Formules de : 1° Protêt faute d'acceptation ; 2° Protêt faute de paiement ; 3° Protêt avec perquisition ; 4° Protêt avec intervention ; 5° Acte de protestation ; 6° Dénonciation de Protêt avec assignation.

ARTICLE 1er.

Protêt faute d'Acceptation.

(*Copie du Titre et des Endossements,* etc.)

L'an...., le...., à la requête du sieur....., négociant patenté, demeurant à......, élisant domicile en.....; j'ai...., huissier soussigné, sommé

---

(1) Ils sont soumis au droit fixe de deux francs (*id.*, art. 68, § 1er, n° 30 ; l. 28, av. 1816, art. 43, n° 13). — Les lettres de change sont soumises à un droit proportionnel de 25 c. p. °/₀. — Seulement, dans le cas où il y a protêt faute d'acceptation, ou protêt faute de paiement, l'endossement n'est pas soumis à ce droit. — Il en est de même de l'aval (Décision de l'administration de l'enregistrement. — Sirey, vol. 31, 2-209. — Loi 1816, art. 50). — Les billets à ordre sont soumis aux droits de 50 c. p. °/₀, et les billets simples à un droit de 1 fr. — Le minimum des droits d'enregistrement est de 25 c. Quand le droit proportionnel n'atteint pas cette somme, on perçoit le droit de 20 en 20 fr. Ainsi, le droit d'une lettre de change de 401 fr. sera perçu sur 420.

et interpellé le sieur *N.*, au domicile indiqué au titre ci-dessus
transcrit, à....., rue....., où étant, j'ai parlé à....., de présentement accepter, pour payer à l'échéance, la lettre de change ci-dessus
transcrite de la somme de....., lui déclarant qu'à défaut je protestais de toutes pertes, dépens, dommages et intérêts, du renvoi de ladite
lettre de change à qui de droit, change, rechange et autres frais, aux
risques, périls et fortune de qui il appartiendra. Lequel a répondu
que....., et a signé. (*Signature.*)(*Ou*, sommé de signer sa réponse, a
refusé *ou* déclaré ne savoir). Laquelle réponse j'ai prise pour refus d'acceptation, et ai réitéré les protestations ci-dessus faites, sous toutes
réserves.

Le tout fait en présence et assisté de...., demeurant à...., et de....,
demeurant à...., témoins français, majeurs, lesquels ont, avec moi,
signé le présent.

Dont acte, duquel j'ai, audit domicile, et parlant comme dessus,
laissé au sus nommé copie, ainsi que de ladite lettre de change. Le
coût est de....

ARTICLE 2.

Protét faute de Paiement.

(*Copie du Titre et des Endossements*, etc.)

L'an...., etc. (*comme ci-dessus*).

J'ai sommé et interpellé le sieur *N.*, au domicile indiqué au titre
ci-dessus transcrit, à...., rue...., où étant et parlant à...., de présentement payer audit sieur, requérant, ès-mains de moi huissier, pour
lui porteur, la somme de...., montant de la lettre de change ci-dessus
transcrite, lui déclarant qu'à défaut je protestais de toutes pertes, dépens, dommages et intérêts, du renvoi de ladite lettre de change à qui
de droit, change, rechange et autres frais, aux risques, périls et fortune de qui il appartiendra. Lequel a répondu que...., et a signé
(*Ou*, sommé de signer sa réponse, a refusé *ou* déclaré ne savoir). Laquelle réponse j'ai prise pour refus de paiement, et ai réitéré les protestations ci-dessus faites, sous toutes réserves.

Le tout fait en présence...., etc. (*comme ci-dessus au protét faute
d'acceptation*).

ARTICLE 3.

Protêt avec Perquisition.

(*Copie du Titre et des Endossements*, etc.)

L'an.... (*comme ci-dessus*).

J'ai sommé et interpellé le sieur Cherly, négociant, au domicile indiqué au titre ci-dessus transcrit, à Paris, rue des Deux-Portes Saint-Sauveur, n° 12, où étant j'ai parlé à la portière de la maison ;

Laquelle m'a déclaré que ledit sieur Cherly, qui lui était entièrement inconnu, ne demeurait pas en ladite maison ; que jamais locataire de ce nom ne l'avait habitée, pour quoi, afin de m'enquérir de la personne dudit Cherly, je me suis transporté chez le sieur Duclos, propriétaire de ladite maison, lequel m'a fait la même réponse que sa portière. M'étant enquis dans ladite rue, auprès de plusieurs voisins, boutiquiers et marchands, aucun n'a pu m'indiquer ledit Cherly, qu'ils m'ont déclaré ne pas connaître.

Et attendu que le titre porte simplement l'indication, *rue des Deux-Portes*, et qu'une autre rue du même nom existe quartier Saint-Jean, je me suis transporté susdite rue des Deux-Portes-Saint-Jean, afin d'y continuer la perquisition de la personne dudit sieur Cherly ; mais, arrivé en ladite rue, j'ai remarqué qu'il n'existait pas de n° **12** ; m'étant enquis auprès de plusieurs voisins, tous m'ont dit ne pas connaître ledit Cherly.

Ayant consulté les divers almanachs d'adresses des habitants de Paris, je n'ai trouvé personne de ce nom.

M'étant enfin transporté à l'hôtel de la Grande-Poste, et m'étant adressé à divers employés, aucun n'a pu me donner de renseignements.

Continuant ma perquisition, je me suis transporté à la Bourse, à l'heure où grand nombre de négociants, marchands et courtiers y étaient rassemblés ; j'ai vainement continué ma perquisition, ledit Cherly étant parfaitement inconnu de tous ceux auxquels je me suis adressé.

J'ai sommé ledit sieur...., de présentement payer...., etc. (*comme au Protêt faute de paiement*).

Lesquels portière, sieur Duclos, habitants des deux rues des Deux-

Portes, employés de la poste, négociants, marchands et courtiers, m'ayant déclaré ne pas connaître ledit sieur Cherly, j'ai pris ces réponses pour refus de paiement et ai réitéré les protestations ci-dessus faites, etc.

Dont acte, duquel j'ai laissé copie à **M.** le procureur du roi...., etc., après avoir affiché une deuxième copie...., etc. (Art. 69 du Code de procédure).

ARTICLE 4.

Protêt avec intervention.

(*Copie du Titre , des Endossements et des Besoins.*)

L'an.... (*comme ci-dessus*).

J'ai..... sommé et interpellé : 1o le sieur (*le tiré*), au domicile, etc.

2o Et le sieur...., banquier, chez lequel le titre ci-dessus transcrit est indiqué payable au besoin, en son domicile, à ..., rue...., où étant j'ai parlé à....,

de présentement , etc.

Lesquels ont répondu , savoir :

1o Le sieur.... (*réponse faite par le tiré ou en son nom*).

2o (*L'intervenant*) , qu'il ne payait pas ladite lettre de change pour le tiré , n'ayant pas de fonds à cet effet ; mais qu'il offrait d'intervenir et payer pour le compte de...., troisième endosseur.

Sommés.....

Lesquelles réponses.... (*comme ci-dessus*).

Et lesdits jour et an, à mêmes requête, qualité, demeure et élection de domicile que dessus, j'ai, huissier susdit et soussigné , en conséquence de sa déclaration ci-dessus , sommé ledit sieur...., en sondit domicile, et parlant comme dessus, de réaliser son intervention. **A** quoi ledit sieur...., a répondu qu'il était prêt de payer , et a , en effet, en mes mains, payé la somme de...., de principal, pour le montant de la lettre de change ci-dessus transcrite: plus, celle de...., pour frais de protêt et des présentes , et ce, pour l'honneur et compte de la signature du sieur...., troisième endosseur ; faisant, ledit sieur...., toutes réserves de se pourvoir ainsi que de droit ; contre lequel paiement je lui ai fait remise du titre et des présentes, pour exercer son recours comme il appartiendra.

Le tout fait en présence et assisté...... (*comme ci-dessus*), dont acte, etc.

ARTICLE 5.

Acte de Protestation.

Cet acte est fait, mot pour mot, dans la forme du protêt; seulement, comme il ne peut être précédé de la copie du titre, il doit y être déclaré que ce titre est adiré.

ARTICLE 6.

Dénonciation de Protêt avec Assignation.

(*En tête de la copie de l'exploit , sont transcrits littéralement le titre et le protêt ; l'original est seulement précédé de la copie du titre*).

L'an...., le....., à la requête du sieur...., négociant patenté, demeurant à...., lequel élit domicile.... , j'ai (*immatricule de l'huissier*), soussigné, signifié et dénoncé, et, avec ces présentes, laissé copie au sieur...., demeurant à...., en son domicile, parlant à...., de la lettre de change ci-dessus transcrite, ensemble du protêt fait d'icelle par exploit de...., huissier à...., en date du...., dûment enregistré, à ce qu'il n'en ignore.

Et à mêmes requête, qualité, demeure et élection de domicile que dessus, je lui ai donné assignation à comparaître le...., à l'audience du tribunal de commerce de...., séant en ladite ville, heure ordinaire d'audience, pour....

Attendu que ladite lettre de change n'a pas été payée à son échéance ;

Que le défaut de paiement est légalement constaté ;

Que tout tireur (*ou endosseur*) est garant solidaire du paiement de la lettre de change ;

S'entendre condamner (solidairement avec autres , *si on en cite plusieurs*) par toutes les voies de droit, et même par corps, à payer au requérant la somme de...., de principal, montant de ladite lettre de change, ensemble les intérêts d'icelle, suivant la loi, et en tous les depens.

Sous la réserve de tous droits, actions, demandes et prétentions.

Dont acte, duquel j'ai laissé copie audit sieur...., ainsi que desdits lettre de change et protêt.

Le coût est de....

(Signature de l'huissier.)

CHAPITRE III.

Du Rechange.

Le porteur qui a fait protester faute de paiement peut, pour se procurer les fonds qu'on lui a refusés, emprunter dans l'endroit où il devait les toucher; — ou bien, et c'est le mode le plus fréquent, il se fait escompter par un banquier une traite qu'on appelle *retraite*, ordinairement à vue, sur l'un de ses débiteurs, contenant la valeur de l'ancienne, et il touche ainsi le net produit de cette négociation. — C'est ce qu'on appelle le *rechange*. — Pour cela, il est obligé de payer un intérêt, ou un certain droit de commission, qu'il ajoute à sa créance, ainsi que les autres frais (177-178).

MODÈLE DE RETRAITE.

Paris, le   B. p. fr. 1,000.

A vue, il vous plaira payer, par cette seule de change, à **M. *A.***, ou à son ordre, la somme de mille francs, valeur en une traite de vous (*ou* valeur en une traite endossée par vous*) non acquittée, et compte de retour, le tout y annexé; lesquelles pièces vous seront remises sur l'acquit de la présente.

A Monsieur,

(*Nom du tiré.*)   (*Signature.*)

« Le rechange se règle, à l'égard du tireur, par le cours de change du lieu où la lettre de change était payable sur le lieu d'où elle a été tirée. — Il se règle, à l'égard des endosseurs, par le cours du change du lieu où la lettre de change a été remise ou négociée par eux, sur *le lieu où le remboursement s'effectue.* » (179.)

Si le lieu où la retraite est payable n'a pas de bourse, le cours se règle par la cote des fonds de la place la plus voisine.

Le dernier alinea de l'art. 179 a fort embarrassé les commentateurs (Voir aux notes les opinions divergentes qu'il a suscitées).

La retraite est accompagnée d'un *compte de retour* qui comprend : — Le principal de la lettre de change protestée; — L'intérêt de ce principal, qui est dû à compter du jour du protêt; — Les frais de protêt et autres frais légitimes, tels que commission de banque, courtage, timbre et port de lettres. — Il énonce le nom de celui sur qui la retraite est faite, et le prix du change auquel elle est négociée. — Il est certifié par un agent de change, et dans les lieux où il n'y en a pas, par deux commerçants (Sans cette formalité, il ne serait pas dû de rechange (Art. 186). — Il est accompagné de la lettre protestée, du protêt ou d'une expédition de cet acte. — Dans le cas où la retraite est faite sur l'un des endosseurs, elle est accompagnée, en outre, d'un certificat qui constate le cours du change du lieu où la lettre était payable, sur le lieu d'où elle a été tirée (Art. 181).

MODÈLE DE COMPTE DE RETOUR.

Compte de retour à une traite tirée de Toulouse, le....., par **M. B.**, à l'ordre de **M. D.**, sur **M. C.**, négociant à Bordeaux, payable le....., passée successivement à l'ordre de **MM. R., S.** et à nous, qui l'avons faite protester faute de paiement ;

SAVOIR :

	fr.	c.
Capital.		
Amende, timbre, etc.		
Protêt et enregistrement.		
Timbre du présent et de la retraite.		
Port de lettres.		
Provision à 1/2 p. %.		
Courtage et certificat.		
Intérêts depuis le protêt.		
Perte à la retraite à..... p. %.		
TOTAL.		

De laquelle somme de..... nous nous remboursons sur **M. L.**, négociant à Toulouse, en une traite de ce jour à l'ordre de **M. R.**, payable à vue.

Bordeaux, le ....

(*Signature de celui qui fait retraite.*)

Je soussigné, agent de change cautionné, certifie avoir négocié à **M. R.**, la retraite sus mentionnée à la perte de..... p. %, et que le papier à présentation sur Toulouse, est à ce taux sur notre place.

Bordeaux, le.....

(*Signature de l'agent de change ou des deux commerçants.*)

« Il ne peut être fait plusieurs comptes de retour sur une même lettre de change. »

« Le compte de retour est remboursé d'endosseur à endosseur respectivement et définitivement par le tireur. » (182.)

« Les rechanges ne peuvent être cumulés. Chaque en-

8

dosseur n'en supporte qu'un seul, ainsi que le tireur. »
(183.)

« L'intérêt des frais de protêt, rechange et autres frais
légitimes, n'est dû qu'à compter du jour de la demande
en justice. » (185.)

Tous les droits dont le porteur jouit, relativement au
rechange, comme aussi toutes ses obligations, sont, à
l'encontre des endosseurs précédents, attribués à l'endosseur qui a remboursé le porteur, et qui se trouve à son lieu
et place. — Ils sont également acquis au tiers qui, par le
résultat d'une intervention, s'est trouvé subrogé aux actions du porteur.

La cour de cassation a décidé, le 5 novembre 1835,
que la contrainte par corps pouvait être prononcée pour
le paiement des intérêts et des frais du compte de retour
(Voir les notes).

Le porteur qui use de la faculté de faire retraite ne
doit pas négliger les mesures prescrites pour la conservation de ses droits. — Tout en prenant ses précautions
pour être remboursé immédiatement, il faut qu'il se mette
à couvert de la déchéance prononcée par l'art. 158, en
faisant marcher de front les formalités judiciaires et la négociation suivie sur l'un de ses débiteurs. — Dans ce cas,
si la retraite est payée, l'action en justice est éteinte, si,
au contraire, elle n'est ni acceptée, ni soldée, les juges
prononcent la condamnation réclamée (Locré, sous l'art.
177).

CHAPITRE IV.

De la juridiction compétente en matière de Lettres de Change.

Entre toutes personnes, la lettre de change est un acte de commerce. — Tout signataire d'une lettre de change, *quelle que soit sa cause,* tireur, endosseur, donneur d'aval, accepteur direct, ou par intervention, sur le corps même de la lettre, ou par acte séparé, est soumis à la juridiction commerciale (631-632-140). — Mais il faut qu'il résulte du titre, ou des pièces qui peuvent l'accompagner, que les personnes dont nous parlons sont réellement engagées. — Si, par exemple, le tiré refuse d'accepter une traite à son adresse, il ne peut être appelé dans l'instance engagée à l'occasion du protêt faute d'acceptation, car il ne doit pas dépendre du tireur de rendre celui qui est son débiteur pour une cause qui peut être civile, justiciable du tribunal de commerce, en tirant sur lui une traite (*Diction-naire de Jurisprudence,* v° *Compétence commerciale,* n° 347. — Cassation, civ., 21 mars 1825. — D. A., 25-1-219. — Limoges, 12 juin 1837. — D., 38-2-47). — Ainsi, pour citer un autre exemple, le donneur d'ordre, qui est justiciable des tribunaux consulaires pour l'accomplissement des en-gagements contractés en son nom par le tireur, s'il prétend n'avoir pas donné mandat à ce dernier, et qu'il ne soit pas d'ailleurs pour autre cause justiciable du tribunal de com-merce, pourra demander son renvoi devant la juridiction civile, parce que c'est à cette juridiction que doit d'abord être soumise l'exception préjudicielle qu'il soulève, sauf à revenir devant le tribunal de commerce après l'apurement de la question de l'existence du mandat (Orillard, p. 338).

Pour que la lettre de change ait pour effet de rendre les signataires justiciables des tribunaux de commerce, il faut qu'elle soit valable non-seulement comme engagement, c'est-à-dire qu'elle ne soit pas nulle, par exemple, souscrite par un mineur non commerçant ou un interdit, mais encore qu'elle soit valable comme lettre de change, sous le rapport de la capacité de celui qui l'a souscrite. Ainsi, les lettres de change souscrites ou endossées par des femmes ou filles non commerçantes, alors même qu'elles auraient le pouvoir de s'engager, sont réputées *simples promesses* (art. 113), et ne sont à leur égard qu'un engagement civil, qui leur permet de décliner la compétence du tribunal de commerce, du moins lorsqu'elles ne sont pas assignées conjointement avec des commerçants (636-637. — Voir les notes).

Il faut enfin que la lettre de change possède tous les caractères, tant intrinsèques qu'extrinsèques, que la loi exige pour sa validité; car dans le cas où elle est souscrite par un individu non négociant, si elle contient des suppositions qui la fassent réputer *simple promesse*, alors, d'ailleurs qu'elle n'aurait pas une cause commerciale, le signataire pourrait demander son renvoi devant le tribunal civil (Voir le liv. III, qui traite des suppositions).

SECTION PREMIÈRE.

Lettres de Change perdues. — Tribunal compétent pour connaître d'une demande en délivrance d'un deuxième exemplaire.

Lorsqu'une lettre de change est égarée, et que l'on veut en réclamer le paiement, en vertu des art. 151-152, c'est devant les juges du lieu du paiement que l'on doit procéder et présenter la caution.

Nous avons dit, à la section qui traite du paiement des lettres perdues, que le propriétaire avait le droit d'en réclamer un deuxième exemplaire, et nous avons expliqué comment ce droit se constate et se poursuit.

Quant aux *soins* dont parle l'art. 154, ils consistent à fournir au porteur tous les renseignements pris dans les livres, la correspondance et autres documents propres à faire découvrir avec facilité la résidence de l'individu dont la signature est nécessaire.

Si le porteur n'a pu, à l'amiable, obtenir de son cédant les soins et l'assistance ordonnés, il fait citer ce dernier devant le tribunal de son domicile, en conformité de l'art. 59 du Code de procédure. — Après avoir fait lever l'opposition de l'endosseur, il est contraint d'agir de même contre les endosseurs précédents, et de saisir leurs juges naturels; car, en cette matière, il n'y a ni connexité, ni solidarité. Contre ces derniers mêmes, la demande n'est pas formée en son nom personnel, mais seulement au nom du cessionnaire de la personne à laquelle il s'adresse : c'est en ce sens que l'art. 154 dispose que l'endosseur est tenu de prêter *son nom* au propriétaire (Nouguier, t. 1, p. 469, n° 3).

SECTION DEUXIÈME

*Du Tribunal compétent pour connaître des Contestations
relatives au refus d'acceptation.*

Le porteur peut assigner à son choix devant le tribunal du domicile du tireur, ou de l'un des endosseurs, et tous les défendeurs sont tenus de comparaître devant ce tribunal ; — tous les signataires étant garants.

SECTION TROISIÈME.

Du Tribunal compétent pour connaître des Contestations dérivant du refus de paiement.

Le porteur non payé peut faire ses diligences au lieu où le paiement devait être effectué ; c'est dans son arrondissement que les tireurs et endosseurs ont élu leur domicile, relativement à la lettre de change.

Le porteur peut également saisir les juges du domicile de l'un des défendeurs, et attirer devant ces juges les autres obligés (Art. 59 Code de procédure).

Lorsque le porteur veut actionner le tiré, non pas en vertu d'une acceptation, mais en exerçant les droits du tireur, une distinction est nécessaire : si le tiré n'est pas négociant, ou n'a pas fait acte de commerce quand il a reçu les fonds qu'il doit au tireur, il sera assigné devant le tribunal civil (*entre une foule d'arrêts*, cassation, 5 avril 1837 ; — Carré, Merlin, Pardessus, Horson); si le tiré est commerçant, il est justiciable du tribunal de commerce, à raison de la personne, si non à raison de la matière.

Lorsque le tiré a accepté la lettre de change, il est justiciable du tribunal de commerce, à raison de la matière, et suit la fortune de ses coobligés solidaires.

L'endosseur qui est subrogé aux droits du porteur, au moyen du remboursement, jouit de toutes les facultés qui étaient propres à ce dernier.

L'indication faite par l'accepteur d'un lieu de paiement autre que celui déterminé par la lettre de change, emporte, à son égard, élection de domicile pour recevoir l'assignation (Cassation, 11 janvier 1829; — cour royale de Paris, 8 juillet 1836. — Sirey, t. 36-2-367); mais non pour recevoir un acte d'appel (Turin, 29 novembre 1809, et 8 janvier 1810. — Sirey, t. 14-2-392; — Nouguier, t. 1, p. 466-467, n° 6).

CHAPITRE V.

De la Lettre de Change dans ses rapports avec les étrangers.

La lettre de change est une opération du droit des gens qui doit, en tous lieux, à l'égard de tous, conserver sa force et son autorité. — Les difficultés qu'elle présente doivent donc être résolues en suivant les règles générales de l'équité.

1° Capacité des personnes. — 2° Forme de la lettre et de l'endossement ; effets de la Lettre de Change. — 3° Compétence.

SECTION PREMIÈRE.

Capacité des Personnes.

« Les nations civilisées , par un accord tacite et général, sont convenues de respecter les lois étrangères relatives à la personne, et de laisser au législateur de chaque peuple le soin de préciser les conditions, les épreuves et le moment de la capacité. » (Nouguier, t. 1, p. 475.)

D'après ce principe, applicable aux lettres de change, un étranger majeur d'après la loi française, mais mineur

suivant la loi de son pays, ne pourrait pas souscrire valablement, en France, une lettre de change. — La cour
royale de Paris a néanmoins jugé, par arrêts des 17 juin
et 15 octobre 1834, que l'étranger qui souscrit un effet
de commerce ne peut opposer aux tiers porteur la nullité
de son engagement, prise de ce que, à l'époque où il l'a
souscrit, il était encore mineur, d'après les lois de son
pays. Les auteurs, Pardessus entre autres, ne partagent
pas l'opinion de cette cour; et Nouguier pense que si elle
s'est ainsi prononcée, c'est à cause des circonstances de
dol et de fraude qui se présentaient dans les deux espèces
jugées.

SECTION DEUXIÈME.

*Forme de la Lettre et des Endossemens, etc.; effets
de la Lettre de Change.*

Après quelques hésitations, la doctrine et la jurisprudence ont consacré ce principe, que la loi étrangère règle
la forme de l'acte et la loi du lieu du paiement, ce qui est
relatif à son exécution (Trèves, 28 avril 1809; — Bruxelles, 4 février 1815. — D. A., v° *Effets de commerce,*
p. 577; — Pardessus, Vincens, Merlin, Dalloz, Despréaux, Nouguier, Orillard, ch. LXV, p. 362 et suiv.).

L'endossement, relativement à sa forme, à son interpré-
tation et aux droits qu'il confère, doit être régi par la loi
du pays dans lequel il s'effectue.

L'acceptation doit être régie par la loi du lieu où le paiement doit être effectué; *l'échéance, les délais de grâce,* se
règlent d'après les usages de l'endroit où le paiement doit
être fait.

Une lettre de change qui doit être acquittée dans un lieu où la contrainte n'est pas admise, si elle revient en France non payée, soumettra-t-elle à cette voie d'exécution le signataire français? (Voir les notes.)

SECTION TROISIÈME.

Compétence.

ARTICLE 1er.

Des Contestations entre Étrangers.

L'intérêt public, les devoirs réciproques des nations ont de tout temps fait considérer les conventions commerciales comme des contrats du droit des gens, et ont fait déroger, en leur faveur, aux principes généraux de l'incompétence des tribunaux de France, envers les étrangers. — L'art. 631 Code de commerce leur est donc applicable (Cassation, 26 novembre 1828).

ARTICLE 2.

Des Contestations entre Français et Étrangers.

« Un Français pourra être traduit devant un tribunal de France, pour des obligations par lui contractées en pays étranger, même envers un étranger. » (Art. 15 Code civil.)

« L'étranger même, non résidant en France, pourra être cité devant les tribunaux français, pour l'exécution des obligations par lui contractées en France avec un Français; — il pourra être traduit devant les tribunaux de

France, pour les obligations par lui contractées en pays étranger envers des Français. » (Art. 14 Code civil.)

L'art. 14 paraît rigoureux, néanmoins il était nécessaire pour empêcher qu'un étranger ne s'engageât envers un Français d'une manière illusoire, ce qui arriverait souvent si on était obligé de le poursuivre en pays étranger, et d'obtenir des jugements qui ne seraient exécutoires en France qu'après de nombreuses formalités et de nouveaux jugements (2123 Code civil; — 546 Code de procédure).

C'est encore dans cette vue qu'il a été statué que tout jugement de condamnation qui intervient en faveur d'un Français, contre un étranger non domicilié en France, emporte la contrainte par corps, à moins que la somme principale de la condamnation ne soit inférieure à 150 fr. (Art. 14, loi du 17 avril 1832).

Et encore que l'étranger peut même être arrêté provisoirement après l'échéance de la dette, s'il y a de suffisants motifs, ou s'il ne justifie pas qu'il possède en France un établissement commercial, ou des immeubles, le tout d'une valeur suffisante pour assurer le paiement de la dette, ou enfin, s'il ne fournit pas pour caution une personne domiciliée en France, et reconnue solvable (Même loi, art. 15 et suivants).

Ainsi, l'étranger sera justiciable des tribunaux français, non-seulement lorsqu'il aura souscrit directement une lettre de change envers un Français, mais encore lorsque ayant souscrit cette lettre au profit d'un étranger, elle arrivera par la voie de l'endossement entre les mains d'un Français (Nouguier; — cassation, 26 janvier 1833; — Paris, 17 juin, 15 octobre 1834).

Dans le cas même, dit M. Orillard, où une lettre de change est tirée de l'étranger sur une place de cette nation, par un étranger, au profit d'un preneur étranger, sur un accepteur du même pays, le tireur et l'accepteur étranger pourront être traduits devant le tribunal de commerce français. Cela se conçoit, puisque la lettre de change a pour effet d'engager le souscripteur, non-seulement vis-à-vis de son cessionnaire immédiat, mais encore vis-à-vis de tous ceux qui deviennent par la suite propriétaires du titre. Dès-lors, dans l'espèce, les étrangers en question doivent être considérés comme ayant contracté avec le Français.

Quel sera le tribunal qui devra connaître de la contestation ? — Si l'étranger a une résidence habituelle, ou un établissement commercial dans le royaume, c'est là où l'on devra faire les démarches. A défaut de résidence habituelle, l'étranger sera tenu de comparaître à la barre du tribunal du lieu où il se trouvera ; enfin, le demandeur pourra porter la cause devant le tribunal dont il est lui-même justiciable (Nouguier, t. 1, p. 491, n° 2).

· Le jugement n'aura force exécutoire dans le pays de l'étranger qu'au moyen d'une ordonnance d'*exéquatur*.

LIVRE TROISIÈME.

Lettres de Change contenant des suppositions. — Lettres de Change fausses.

Lorsque la lettre de change ne réunit pas tous les caractères voulus par la loi pour sa validité, ou bien lorsque sa régularité n'est qu'apparente et couvre un vice qui l'anéantit ou la dénature, il importe de savoir ce que devient alors un pareil titre, et quelle est la position qu'il fait aux divers intéressés. — C'est ce qui va être examiné dans les deux chapitres de ce livre.

CHAPITRE PREMIER.

Lettres de Change contenant des suppositions.

SECTION PREMIÈRE.

Qualification des suppositions.

D'après l'art. 112 du Code de commerce, sont réputées *simples promesses* toutes lettres de change contenant supposition, soit de nom, soit de qualité, soit de domicile, soit des lieux d'où elles sont tirées, ou dans lesquels elles sont payables.

1° *Supposition de nom.* — Elle a lieu dans trois cas différents : 1° Lorsqu'on tire une lettre de change sous un nom supposé ; 2° lorsqu'on la tire sur un individu qui n'existe pas, 3° lorsqu'on passe l'ordre à un bénéficiaire également imaginaire. — Il y a aussi supposition quand le tireur, le tiré ou le bénéficiaire sont des personnages véritables, mais dont on a usurpé la signature en la contrefaisant à leur insu.

2° *Supposition de qualité.* — Elle a lieu lorsqu'une personne, portant le même nom qu'une autre bien connue et ayant du crédit, prend la qualité de cette dernière pour tromper les tiers.

3° *Supposition de domicile.* — On use de cette supposition pour masquer le défaut de remise de place en place ;

et on s'en sert journellement pour déguiser de simples prêts.

4° *Supposition de valeur.* — Certains auteurs, Nouguier entr'autres, ont ajouté aux suppositions ci-dessus définies celle de la valeur fournie, et ce, par application des principes tracés par l'art. 110. — Il est évident qu'il doit y avoir une valeur fournie, sans quoi la lettre de change n'aurait pas de cause ; le bénéficiaire ne serait qu'un simple mandataire ; le tireur tirerait pour son compte ; il n'y aurait pas contrat de change, par conséquent pas de lettre de change. — Mais, pour que cette supposition ait pour effet de réduire la lettre de change à l'état de simple promesse, il faut que la valeur n'ait pas été fournie ; car peu importerait que l'énonciation de la cause fût fausse, si d'ailleurs une cause réelle et licite existait (Cour royale de Pau, 11 novembre 1834).

SECTION DEUXIÈME.

Effet des suppositions.

Les suppositions ont été le sujet d'interprétations fort diverses, et la meilleure règle que les juges puissent suivre à cet égard, c'est de constater la supposition, d'envisager la lettre de change sous son point de vue réel, et de mettre à la place de l'énonciation supposée l'énonciation conforme à la vérité des faits. — Du reste, la supposition ne vicie la lettre de change qu'autant que la vérité, mise à sa place, la vicierait elle-même.

Nous avons dit que les lettres de change viciées par quelqu'une des suppositions énumérées dans l'art. 112 précité, sont réduites à l'état de *simple promesse.* — Qu'a-t-on entendu par simple promesse? — **M.** Locré, dans ses notes sur l'art. 112, dit : Que ne pouvant embrasser toutes les combinaisons qui fixent la nature de l'effet, ne voulant d'ailleurs que le dépouiller du caractère de lettre de change, on s'est borné à dire qu'il ne serait reputé que *simple promesse* ; qu'on a laissé aux tribunaux le soin de le qualifier d'après les circonstances. Qu'ainsi, en consultant la forme de l'engagement, son objet, la qualité des parties, on déclarera tantôt que c'est un billet à ordre, tantôt un effet de commerce, tantôt une rescription ou un mandat.

SECTION TROISIÈME.

Par qui et contre qui les suppositions peuvent être articulées. — *Devant qui elles se prouvent, et de quelle manière.*

Les suppositions ne peuvent être opposées qu'à ceux à qui elles sont imputables, ou au moins qui en ont eu connaissance. — Elles peuvent être invoquées par le tireur contre le bénéficiaire qui a été complice, ou contre le tiers-porteur, s'il a connu la supposition ; mais non pas contre le tiers-porteur de bonne foi (Cassation, 12 février 1832 ; — Bourges, 26 mars 1839. — Merlin, Pardessus, Horson, Fournel, Dalloz, Nouguier).

Il suffit que la bonne foi ait existé chez le tiers, lorsque la propriété de la lettre lui a été transmise. — La découverte postérieure de la fraude ne peut détruire les effets de la bonne foi qui a présidé au transport (Orillard, p. 342).

La bonne foi se présume toujours. — C'est à celui qui l'allègue à la prouver.

C'est devant les tribunaux de commerce que doivent être portées les questions relatives aux suppositions (631-632).

L'allégation de supposition ne suffit pas pour que le tribunal de commerce se dessaisisse. — Il peut examiner si les moyens d'exception sont fondés (Cassation , 21 octobre 1825).

Les suppositions peuvent être prouvées par titres, par témoins, par l'interrogatoire sur faits et articles, par le serment, et même par de simples présomptions (109 Code de commerce ; — 1358 Code civil ; — 324 Code de procédure. — Bordeaux, 21 février 1831. — Merlin , Locré , Pardessus, Horson , Dalloz, Nouguier).

Une fois la supposition judiciairement proclamée , et la lettre devenue une simple promesse , si elle reste un contrat commercial , si la discussion s'agite entre négociants , si enfin le tribunal de commerce est compétent, il jugera l'affaire. — Et alors même qu'il serait incompétent, il peut la juger si le renvoi n'en est pas requis par le défendeur (636 Code de commerce).

CHAPITRE II.

Des faux commis dans les Lettres de Change et de leurs effets.

Les faux commis dans les lettres de change résultent, 1° de l'antidate ; 2° de la fausse signature du tireur ; 3° de l'altération de la somme à payer ; 4° de la fausse signature de l'accepteur ; 5° de la fausse signature du porteur ; 6° de la fausse signature des endosseurs.

Les faux en écriture de commerce sont punis des travaux forcés à temps (Art. 147 Code pénal).

SECTION PREMIÈRE.

De l'Antidate.

L'art. 139 du Code de commerce met l'antidate au rang des faux ; il y a antidate lorsque dans un effet on met une date antérieure à celle qu'il a en réalité. — On se sert de ce moyen pour éluder les incapacités prononcées par la loi. — Par ce procédé, le failli réussit souvent à soustraire son avoir à ses créanciers, en souscrivant, même dans les dix jours qui précèdent l'ouverture de la faillite, des lettres de change antidatées à un ou plusieurs amis qui lui servent de compères.

L'antidate n'empêche pas le contrat de change de recevoir son exécution, en ce qui concerne les tiers de bonne foi, sauf pourtant ceux qui auraient adhéré à ce contrat moins de dix jours avant la faillite.

SECTION DEUXIÈME.

De la fausse Signature du tireur.

Il y a fausse signature du tireur, lorsqu'un individu, en tirant une lettre de change, usurpe le nom d'un autre individu. La cour de cassation a jugé par plusieurs arrêts, et notamment par celui du 10 septembre 1807, que le faux existait également quand on mettait en circulation une lettre de change tirée par un être imaginaire. — Ce même arrêt a décidé que celui qui a mis la lettre en circulation peut être relaxé s'il a agi de bonne foi et sans intention de nuire; mais s'il échappe à la pénalité, il ne peut échapper à la responsabilité des tiers endosseurs; sa bonne foi, sur ce point, ne peut lui servir, et il est obligé de restituer les valeurs qu'il a reçues pour prix d'une traite fictive. — Il a commis une faute en acceptant une pareille lettre de change, il doit en subir les conséquences.

Lorsque le porteur d'une lettre de change, contenant fausse signature du tireur, a négligé de remplir les formalités que la loi lui impose pour conserver sa garantie vis-à-vis des endosseurs, ne lui reste-t-il aucun recours? — La cour de cassation a jugé, par arrêt du 17 mars 1829, que, dans ce cas, le porteur a le droit d'exiger de son cédant immédiat que ce dernier lui indique un cédant sérieux; à ce dernier, dit M. Nouguier, il fera la même réclamation et il finira par arriver à l'endosseur, qui, ayant reçu le titre du faussaire, doit supporter les conséquences de sa négligence.

Par l'arrêt précité, la cour de cassation cassa un arrêt de la cour royale de Lyon, qui avait décidé que chaque endosseur répondait non-seulement de l'existence de son cédant immédiat, mais encore de l'existence de tous les endosseurs précédents et du tireur. — L'opinion de MM. Pardessus, Horson, Nouguier, est conforme à la doctrine de la cour de cassation.

Le tiré qui accepte ou qui paie sur la fausse signature du porteur est restituable contre son acceptation, et pourvu qu'il prouve le faux, il peut répéter le montant de la lettre contre le porteur à qui il a payé (cour royale de Bordeaux, 22 avril 1828). Il pourrait aussi revenir contre son acceptation; telle est l'opinion que professe

M. Nouguier, t. 1ᵉʳ, p. 170. — M. Pardessus est d'une opinion contraire (Voir les notes).

SECTION TROISIÈME.

De l'altération de la Somme à payer.

Si, après l'émission de la lettre de change, l'énonciation de la somme à payer subit une altération de nature à tromper une personne intelligente, le tiré qui accepte ou qui paie est lié définitivement à l'égard du porteur. — Il a eu tort d'accepter sans une lettre d'avis lui annonçant le montant de la traite; mais il lui reste le droit de répéter contre le tireur, dont il est le mandataire, la somme qu'il a payée pour lui sans manquer aux règles de la prudence.

La partie sur laquelle retombe en définitif le poids du faux peut faire sommation à l'endosseur qui précède d'avoir à lui justifier de l'existence et de l'individualité de son cédant; à ce cédant, elle demande la même justification, et ainsi de suite, jusqu'à ce qu'elle parvienne au faussaire ou à celui dont l'imprudence a causé le dommage.

SECTION QUATRIÈME.

De la fausse Signature de l'accepteur.

L'accepteur auquel on présente une acceptation qui ne porte pas sa véritable signature peut se dispenser de payer, sauf au porteur à remplir les formalités qui doivent garantir ses droits. M. Nouguier pense que, dans ce cas, si l'accepteur payait, il pourrait, découvrant le faux, se faire restituer la somme par le porteur (Voir les notes).

SECTION CINQUIÈME.

De la fausse Signature du porteur.

L'ancienne jurisprudence ordonnait ou autorisait certaines précautions pour éviter les *faux acquits ;* mais ces précautions étaient de véritables entraves. — Il résulte de la discussion du Conseil-d'Etat que le législateur moderne n'a entendu soumettre le tiré à aucune formalité, et c'est ce qu'il a exprimé en disant dans l'art. 145 : « Celui qui paie une lettre de change à son échéance, et sans opposition, est présumé valablement libéré. »

Il résulte de cet article que le débiteur d'une lettre de change qui en acquitte le montant sur un faux acquit est valablement libéré, s'il a payé de bonne foi (Cour d'appel de Paris, 13 thermidor an VIII. — Nouguier, t. 1, p. 175).

S'il arrive qu'un porteur égare une lettre de change, son devoir est d'en prévenir immédiatement le tiré, et de s'opposer à ce qu'il paie en d'autres mains.

Lorsque le tiré paie sur un faux acquit, le porteur aurait un recours contre lui, s'il s'était rendu coupable de collusion ou de négligence.

SECTION SIXIÈME.

De la fausse Signature des endosseurs.

Que le propriétaire soit dépouillé sur l'acquit du faussaire ou sur l'acquit des cessionnaires de ce dernier, le droit est le même, et l'on doit déclarer que le tiré est valablement libéré. — Toujours s'il a payé de bonne foi.

LIVRE QUATRIÈME.

Des Effets négociables autres que la Lettre de Change.

1° Billets à ordre. — 2° Billets à domicile. — 3° Mandats. — 4° Billets de change.— 5° Billets en blanc.— 6° Billets au porteur.— 7° Lettres de crédit. — 8° Billets en marchandises. — 9° Billets à volonté. — 10° Billets d'honneur.

CHAPITRE Ier.

Du Billet à ordre.

SECTION PREMIÈRE.

Caractères du Billet à ordre.

Comme la lettre de change, le billet à ordre est un effet négociable, et toutes les dispositions relatives aux lettres de change, concernant l'échéance, — l'endossement, — la solidarité, — l'aval, — le paiement, — le protêt, — les devoirs et droits du porteur, — le rechange où les intérêts, — lui sont applicables, aux termes de l'art. 187 du Code de commerce; sans préjudice, dit cet article, des dispositions relatives aux cas prévus par les art. 636-637 et 638 du même Code.

Il résulte, des trois derniers articles que nous venons d'énumérer, que lorsque les billets à ordre ne portent que des signatures d'individus non négociants, et n'ont pas pour occasion des opérations de commerce, trafic, change, etc., le tribunal de commerce est tenu de renvoyer au tribunal civil, s'il en est requis par le défendeur

(636); — que, alors même que le tribunal de commerce serait compétent à raison de signatures d'individus négociants apposées au titre, il ne pourrait prononcer la contrainte par corps contre les non commerçants qui ne seraient pas d'ailleurs engagés à l'occasion d'opérations de commerce, trafic, change, etc. (637); —enfin, que les billets souscrits par un commerçant sont censés faits pour son commerce (638).

Le billet à ordre n'est donc pas, comme la lettre de change, un acte essentiellement commercial ; le caractère civil domine même en lui, puisque généralement il n'entraîne devant la juridiction commerciale que les commerçants, ou ceux qui l'ont souscrit à l'occasion d'actes de commerce puisqu'il ne peut jamais être un motif d'appliquer la contrainte par corps aux simples particuliers. — Les raisons de cette différence se déduisent de ce que le billet à ordre n'est qu'une simple obligation, tandis que la lettre de change est considérée comme un marché; de ce que la lettre de change contient le contrat de change qui est acte de commerce, tandis que le billet à ordre ne le contient pas.

— Lors de la discussion qui eut lieu au Conseil-d'Etat, sur la matière que nous traitons, il fut proposé de supprimer le billet à ordre ou de l'assimiler aux lettres de change ; mais le législateur ne voulut pas priver les transactions civiles de cette sorte d'engagement.

De ce que nous avons dit, il doit résulter que si la lettre de change mérite une grande faveur, comme acte commercial, le billet à ordre doit avoir aussi sa part de garanties, comme engagement civil. Dans ce sens que son caractère civil doit le protéger et lui faire conserver, autant que possible, son individualité, du moins relativement à la compétence, — sa qualité d'effet négociable l'ayant fait assimiler sur plusieurs points à la lettre de change, il doit être, sous ce point de vue, régi par les principes que la loi a établis relativement à la lettre de change ; et, pas plus qu'à cette dernière, la théorie des contrats du droit civil ne doit lui être appliquée dans toute sa rigueur.

SECTION DEUXIÈME.

Forme des Billets à ordre. — Leurs Règles diverses. —
Timbre et Enregistrement.

« Le billet à ordre est daté ; — il énonce la somme à payer, — le nom de celui à l'ordre de qui il est souscrit, — l'époque à laquelle le paiement doit s'effectuer, — la valeur qui a été fournie en espèces, en marchandises, en compte, ou de toute autre manière. » (Art. 188.)

Tout ce qui a été dit relativement aux énonciations prescrites par cet article, à l'occasion de la lettre de change, doit être appliqué au billet à ordre.

MODÈLE DE BILLET A ORDRE.

Au dix novembre prochain (*ou à toute autre échéance*), je paierai à M. Jacques, ou à son ordre, la somme de mille francs, valeur reçue comptant (*ou de toute autre manière*).

Paris, le.... (*la date*)

(*Signature.*)

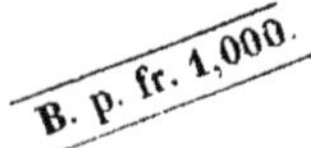

Le billet à ordre doit être *à ordre*.

La mention de la valeur fournie est nécessaire dans le billet à ordre, pour le même motif que dans la lettre de change, et de plus elle peut servir à déterminer la compétence.

Les art. 135 et 157, relatifs aux délais de grâce ou de faveur, sont applicables aux billets à ordre réguliers. — Le sont-ils aux billets dont la cause est purement civile ? (Voir les notes.)

Comme la lettre de change, le billet à ordre peut être fait par acte notarié, aussi bien que sous seing-privé. — Mais, à la différence de la lettre de change, il doit, dans ce dernier cas, être écrit en entier de la main du souscripteur, ou contenir du moins un *bon* ou *approuvé*, écrit de sa main et portant en toutes lettres la somme ou la quantité de la chose, excepté dans le cas où l'acte émane de marchands, artisans, laboureurs, vignerons, gens de journée et de service (1326 Code civil), ou a pour occasion une opération commerciale entre toutes personnes (Merlin, v° *Billet à ordre*, § 1er, art. 5; — Nouguier, t. 1, p. 501-502).

Quant à l'effet des signatures des femmes non négociantes, voir les notes.

Les billets à ordre irréguliers sont réputés simples promesses. — L'art. 187 ne leur est plus applicable. — Néanmoins, la cession en est valablement opérée par la voie de l'endossement.

Faux. — Le billet à ordre, quant aux falsifications qu'il peut contenir, doit être régi par les mêmes principes qu'on applique à la lettre de change. — Mais, comme il est aussi souvent une obligation civile qu'un titre commercial, sa falsification sera tantôt un faux en écriture de commerce, tantôt un faux en écriture privée.

Il y aura faux en écriture de commerce lorsque le billet

à ordre étant d'ailleurs régulier, l'altération portera sur la signature d'un négociant, et que l'on ne justifiera pas que son accession au contrat avait une cause purement civile ; et toutes les fois qu'il sera démontré que la personne dont la signature a été contrefaite l'avait donnée pour réaliser une opération commerciale. — Lorsque l'accusé établira, au contraire, que le négociant a participé au billet à ordre pour cause étrangère à son commerce, ou lorsque l'accusation ne prouvera pas que le titre avait une origine commerciale, il y aura seulement faux en écriture privée (Nouguier, t. 1er, p. 505, n° 14 ; et p. 506, n° 16).

Enregistrement et timbre (Voir, pour le timbre, la note de la page 23 ; et pour l'enregistrement, la note de la page 106, liv. II, chap. II, section première).

Il suffit que les billets à ordre soient enregistrés en même temps que le protêt et l'assignation.

Les notaires peuvent rédiger des protêts d'effets de commerce écrits sur papier non timbré, sans faire préalablement viser ces effets pour timbre, pourvu qu'ils acquittent les droits de timbre et d'amende au moment de l'enregistrement du protêt. — Mais cette faculté n'est pas également accordée aux huissiers (Délibération de la régie du 2 février 1830, approuvée le 4).

L'amende payée pour défaut de timbre ne peut être assimilée à des intérêts, qui sont des accessoires de la créance. — Elle doit être ajoutée au montant du billet pour la détermination du dernier ressort (Nouguier, t. 1, p. 508-509).

SECTION TROISIÈME.

De la Juridiction compétente en matière de Billets à ordre.
—.Effet de ces Billets.

§ 1er.

Juridiction compétente.

Les art. 636, 637 et 638 du Code de commerce, et les principes que nous avons émis dans la première section du présent chapitre, doivent servir à déterminer la compétence en matière de billets à ordre.

Toutes les fois que le titre litigieux est émané d'un individu étranger au commerce, la présomption légale veut qu'il soit considéré comme une simple obligation civile, s'il n'a pas d'ailleurs une cause commerciale (636). M. Nouguier prétend même (t. 1er, p. 513) que l'énonciation d'une cause commerciale ne détruit pas cette présomption, tant que le fait n'est pas constaté.

Si le billet à ordre a été créé par un négociant, la règle exactement opposée prévaut (638). Le négociant ne peut échapper à la juridiction consulaire qu'en prouvant qu'une cause exclusive de son commerce a été mentionnée dans son billet.

Ces règles ne sont pas sans exception. — Lorsque la signature du non négociant se trouve accolée à des signatures d'individus justiciables du tribunal de commerce, ce tribunal connaîtra de la contestation (637).

Le tribunal de commerce est-il compétent pour statuer quand les poursuites sont dirigées contre un non négociant, à raison des billets à ordre, sur lesquels figure la signature de négociants qui *sont libérés*, ou *ne sont pas en cause?* (Voir les notes.)

Les négociants eux-mêmes doivent procéder devant le tribunal de première instance, quand leurs billets à ordre n'étant pas réguliers sont réputés simples promesses, si le tribunal de commerce n'est compétent pour autre cause.

Effets des Billets à ordre.

Les billets à ordre emportent la contrainte par corps quand la condamnation est prononcée par les juges de commerce, excepté contre les individus non négociants qui n'ont pas fait opération commerciale, et ont été attirés à sa barre par la signature de coobligés négociants (637). — Ils n'entraînent que la saisie mobilière, quand la poursuite a lieu en vertu d'un jugement du tribunal civil.

CHAPITRE II.

Billet à domicile.

Le billet à domicile est un billet à ordre dans lequel le souscripteur désigne, pour lieu de paiement, un autre lieu que celui où il a été souscrit.

Lors de la discussion du Code, on ne voulut faire aucune mention spéciale de cet effet de commerce, et on le considéra comme un billet à ordre.

Néanmoins, l'art. 632 portant que l'on doit réputer acte de commerce toute opération de change, et entre toutes personnes, les lettres de change ou remises d'argent faites de place en place, les auteurs modernes ont décidé, d'une manière presque unanime, que le billet à domicile constitue un acte de commerce, à l'égard de toutes personnes, attendu qu'il implique une remise d'argent de place en place.

M. Vincens dit que c'est *proprement une lettre de change sur un payeur* (domiciliataire), auquel le tireur *se réserve que le porteur ne pourra demander l'acceptation avant l'échéance.*

M. Horson, *Questions* 33 et 35, est d'avis que le souscripteur de ce billet doit être contraignable par corps ; dans ce sens, Pardessus, Merlin, Fréméry, Bravard-Veyrières.

Le billet à domicile diffère de la lettre de change, en ce que les principes relatifs à l'acceptation et à la provision, et les exceptions qu'ils engendrent, et notamment la déchéance de l'art. 170 ne sauraient lui être appliqués (Pardessus, Vincens, Nouguier, Bravard-Veyrières).

CHAPITRE III.

Des Mandats.

On donne quelquefois à certaines lettres de change le nom de mandats.

« Dans quelques places importantes, et notamment à Paris, au Hâvre et dans une partie de la Normandie, certains négociants sont dans l'habitude de faire traite pour des sommes minimes, et payables à courte échéance. — Les effets qu'ils tirent contiennent tous les caractères nécessaires à l'existence de la lettre de change, énumérés dans l'art. 110 ; néanmoins, ils leur donnent un nom particulier : ils les intitulent mandats, et ils pensent avoir fait une catégorie spéciale d'effets de commerce. Suivant eux, cette seule qualification de mandat suffit pour interdire au porteur le droit de réclamer l'acceptation.

Néanmoins, la jurisprudence a décidé qu'un effet de commerce qualifié mandat, mais renfermant tous les caractères d'une lettre de change, énoncés en l'art. 110, est une véritable lettre de change, soumis aux mêmes règles et emportant les mêmes obligations que la lettre de change (Cour royale de Rouen, 30 juillet 1825).

CHAPITRE IV.

Billet de Change.

Ce billet est fait en exécution du contrat de change.

L'édit de 1673 définissait le billet de change : *Celui qui est fait pour lettres de change fournies ou à fournir.*

Il y en a de deux espèces : la première existe quand un individu s'engage à payer une somme convenue en échange de lettres de change qui lui ont été fournies.

BILLET DE CHANGE.

Le (*la date*), je paierai, à l'ordre de **M.** Jacques (*ou au porteur, ou à un individu dénommé*), la somme de mille francs, pour lettre de change tirée de (*suit la désignation de la lettre*), laquelle ledit sieur Jacques m'a fournie.

Paris, ce (*la date*).

(*La signature.*)

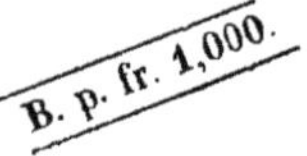

La deuxième existe lorsqu'un individu s'oblige par billet à fournir les lettres de change dont il a reçu le montant.

Le (*la date*), j'ai reçu comptant (*ou de toute autre manière*), de Jacques, la somme de mille francs, pour laquelle je promets lui fournir une lettre de change payable à son ordre, en telle ville, par un tel, et le (*la date*).

Fait (*le lieu*), le (*la date*).

(*La signature.*)

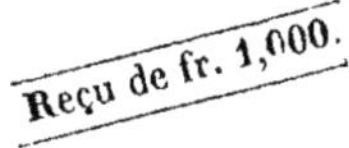

« Le Code de commerce ne fait point mention des billets de change, et son silence, qui n'indique pas la volonté de les exclure et de les proscrire, n'aura d'autre effet que de ranger ces sortes de billets dans la classe des promesses et billets ordinaires, dont la force et les effets sont déterminés par la forme dans laquelle ils sont rédigés. » (Duvergier, *Discours au corps législatif,* **11** septembre 1807.)

CHAPITRE V.

Billets en blanc.

Les billets en blanc étaient ceux qui se faisaient au profit d'une personne dont le nom était en blanc, et qu'on pouvait à toute heure remplir du nom que l'on voulait. — Ces billets furent trouvés dangereux à cause des fraudes qu'ils engendraient. — Inventés vers l'an 1600, dès leur apparition, ils furent proscrits par plusieurs arrêts du règlement de la cour de Paris, et notamment par ceux des 7 juin 1611, et 26 mars 1624.

CHAPITRE VI.

Billets au porteur.

On appelle *billets au porteur* ceux qui sont payables à quelque personne que ce soit, qui s'en trouve porteur lors de l'échéance. Ils sont transmissibles sans endos, et passent de main en main sans aucune écriture.

Dans ces effets, comme dans tous les autres, il doit être fait mention de la manière dont la valeur a été fournie.

Ce billet a une grande analogie avec le billet en blanc, et peut engendrer aussi beaucoup d'abus. — Un édit du régent, du mois de mai 1716, les confondit dans la prohibition qui avait frappé les billets en blanc. — Cependant, plus tard, à cause du manque d'argent monnayé, l'usage des billets au porteur fut rétabli par une déclaration royale du 21 janvier 1721; laquelle déclaration a été formellement maintenue par un décret du 25 thermidor an III. »

La légalité de ces billets a encore été reconnue par un arrêté du ministre des finances du 10 mai 1808.

Plusieurs arrêts, notamment de la cour de cassation, dont l'un du 20 janvier 1836, ont décidé que le billet au porteur est valable sous la nouvelle comme sous l'ancienne législation, et qu'il a des effets plus ou moins étendus, suivant les conditions qu'il renferme, et les causes de sa création.

Quant à ses effets, il faut faire une distinction : s'il a la forme d'un billet, et qu'il ait pour effet d'acquitter une dette commerciale, il est passible de la contrainte par corps, conformément à la déclaration précitée, et à la loi d'avril 1832.

Lorsqu'il contient remise d'argent de place en place, et qu'il a la forme d'un billet à domicile ou d'une lettre de change, avec cette seule différence qu'il est payable au *porteur*, au lieu de l'être à *ordre*, il y a encore lieu à l'exécution par corps, car le fait seul de la remise constitue un acte de commerce, suivant l'art. 632.

Dans ces deux cas, la création d'un billet au porteur attire devant la juridiction consulaire le débiteur qui s'est ainsi engagé (Déclaration de 1721. — Cassation, 17 août 1812; — 10 novembre 1829).

Mais si une cause purement civile est énoncée dans le billet au porteur, s'il ne renferme pas remise d'argent, la juridiction commerciale est incompétente, et l'exécution de la condamnation à intervenir ne peut être autorisée que par les voies de droit (Cassation, 10 novembre 1829; 10 janvier 1836).

CHAPITRE VII.

De la Lettre de Crédit.

La *lettre de crédit* consiste en un mandat commercial, par lequel un négociant prie un de ses correspondants de tenir à la disposition d'une personne dénommée une somme dont il détermine le *maximum*.

Quelquefois le chiffre n'est pas fixé, et alors le recommandé jouit, comme l'on dit, d'un *crédit illimité.*

CHAPITRE VIII.

Billets en Marchandises.

C'est celui par lequel on s'oblige à livrer une certaine quantité de marchandises : il est généralement le résultat d'une opération commerciale; il a cependant une cause civile, lorsque c'est un propriétaire qui s'oblige à livrer ses propres denrées.

CHAPITRE IX.

Billets à volonté.

Aujourd'hui ces billets n'existent plus; ils sont réputés simples billets à ordre, payables à vue.

CHAPITRE X.

Billets d'Honneur.

C'était celui par lequel un gentilhomme, ou un officier militaire, s'engageait, sur son honneur, à payer une certaine somme à une époque déterminée; le règlement des maréchaux de France, du 20 février 1748, déterminait les effets de ce billet. — Il est abrogé.

LIVRE CINQUIÈME.

De la Prescription.

1º Ses caractères. — 2º Délais. — 3º Causes qui empêchent de prescrire. — 4º Interruption. — 5º Suspension. — 6º Renonciation. — 7º Effets de la prescription. — 8º Étrangers.

SECTION PREMIÈRE.

Caractères de la prescription en matière d'effets négociables.

La prescription relative aux effets de commerce est celle dite de *courte durée*; c'est une présomption légale de paiement qui peut être détruite par la preuve contraire, mais qui ne pourrait être renversée par de simples présomptions (Entre une foule d'arrêts, cassation, 1er décembre 1829). — Ceux qui l'opposent sont tenus, *s'ils en sont requis*, d'affirmer sous serment qu'ils ne sont plus redevables, et leurs veuves, héritiers, ou ayant-cause, qu'ils estiment de bonne foi qu'il n'est plus rien dû (Art. 189 Code de commerce). — Les magistrats ne peuvent pas déférer d'office le serment en question.

Cette prescription n'est pas une mesure d'ordre public, et l'art. 2223 Code civil portant que les juges ne peuvent pas suppléer d'office, le moyen résultant de la prescription doit lui être appliqué. — Les juges ne pourraient pas même, en faveur des mineurs ou des interdits, admettre, comme motif de leur décision, une prescription sur laquelle le défendeur ne se serait pas appuyé (Vazeille, n° 2, 334 et 335, p. 386; — Merlin, *Additions*, v° *Prescriptions;* — Dalloz, *Répert. méth.*, v° *Prescription*, n° 2, p. 239; — Troplong, n° 89, p. 121.; — Nouguier, t. 1, p. 557-558).

Cette prescription peut être opposée *en tout état de cause*, même devant la cour royale, à moins que la partie qui n'aurait pas opposé le moyen de la prescription ne doive, par les circonstances, être présumée y avoir renoncé (Art. 2224 Code civil).

Elle court même contre les mineurs et les interdits, sauf leur recours contre leurs tuteurs (Art. 2278 Code civil).

SECTION DEUXIÈME.

Délais.

« Toutes actions relatives aux lettres de change, et à

ceux des billets à ordre souscrits par des négociants, marchands ou banquiers, ou pour faits de commerce, se prescrivent par *cinq ans*, à compter du jour du protêt, ou de la dernière poursuite juridique, s'il n'y a eu condamnation, ou si la lettre n'a été reconnue par acte séparé.... » (Art. 189 Code de commerce.)

« La prescription se compte par jours et non par heures. » (2260 Code civil.)

« Elle est acquise lorsque le dernier jour du terme est accompli. » (2261 *id.*)

On doit décider qu'à défaut de protêt, la prescription commence à courir du jour où le protêt aurait dû être fait, ou bien du lendemain de l'échéance. — L'ordonnance de 1673 l'avait expliqué en termes formels dans son art. 21; le Code n'a pas voulu y déroger sur ce point. — C'est du reste ce qui a été décidé par la cour de cassation, par arrêt du 13 avril 1818 (Voir Locré, sur l'art. 189). — Si le jour de l'échéance est un jour férié, la prescription ne commencera que le lendemain (Vazeille, n° 328, p. 378; — Troplong, n° 816, t. 2, p. 392).

SECTION TROISIÈME.

Causes qui empêchent de prescrire.

« Ceux qui possèdent pour autrui ne prescrivent jamais, par quelques laps de temps que ce soit.

» Ainsi..... le dépositaire.... et tous autres qui détiennent précairement la chose du propriétaire, ne peuvent la prescrire. » (2236 Code civil.)

Le débiteur d'une personne qui est ou devient son

créancier, si de part et d'autre les sommes ou les choses sont liquides et exigibles, ne peut pas prescrire, puisque de plein droit il s'est opéré une compensation qui a éteint les dettes jusqu'à concurrence de leur quotité respective. — Il pourrait néanmoins prescrire pour la somme dont il serait resté débiteur (Art. 1289, 1290, 1291 Code civil).

SECTION QUATRIÈME.

Interruption.

La prescription est interrompue civilement ou naturellement (Art. 2242 Code civil).

Les causes de l'interruption civile, qui est seule applicable à la matière, sont énumérées dans les articles suivants du Code civil :

« 2244. Une citation en justice, un commandement ou une saisie, signifiés à celui qu'on veut empêcher de prescrire, forment l'interruption civile. »

« 2245. La citation en conciliation devant le bureau de paix interrompt la prescription du jour de sa date, lorsqu'elle est suivie d'une assignation en justice donnée dans les délais de droit. » (C'est-à-dire dans le mois, à partir du jour de la non comparution ou de la non conciliation. Art. 48 et 57 Code de procédure combinés.)

« 2246. La citation en justice, donnée même devant un juge incompétent, interrompt la prescription. »

« 2247. Si l'assignation est nulle par défaut de forme, — si le demandeur se désiste de sa demande, — s'il laisse périmer l'instance, — ou si sa demande est rejetée, — l'interruption est regardée comme non avenue. »

« 2248. La prescription est interrompue par la reconnaissance que le débiteur ou le possesseur fait du droit de celui contre lequel il prescrivait. »

« 2249. L'interpellation faite, conformément aux articles ci-dessus, à l'un des débiteurs solidaires, ou sa reconnaissance, interrompent la prescription contre tous les autres, même contre leurs héritiers. — L'interpellation faite à l'un des héritiers d'un débiteur solidaire, ou la reconnaissance de cet héritier, n'interrompent pas la prescription à l'égard des autres cohéritiers, quand même la créance serait hypothécaire, si l'obligation n'est indivisible. — Cette interpellation, ou cette reconnaissance, n'interrompent la prescription, à l'égard des autres codébiteurs, que pour la part dont cet héritier est tenu. — Pour interrompre la prescription pour le tout, à l'égard des autres codébiteurs, il faut l'interpellation faite à tous les héritiers du débiteur décédé, ou la reconnaissance de tous ses héritiers. »

« 2050. L'interpellation faite au débiteur principal, ou sa reconnaissance, interrompent la prescription contre la caution. »

Il faut remarquer qu'en matière d'effets de commerce, la reconnaissance doit être faite par un acte séparé.

Lorsqu'une lettre de change est créée, et qu'antérieurement à son émission le créancier se fait remettre une reconnaissance de la dette, par acte séparé, cette reconnaissance interrompt-elle la prescription? (Voir les notes.) — Quels sont les effets de l'interruption? « Interrompre une prescription commencée, c'est rendre inutile le temps qui a précédé, et obliger le possesseur de recommencer à prescrire de nouveau, comme s'il n'avait pas été aupara-

vant dans la prescription. » (Merlin, *Répertoire*, t. 9,
vº *Prescription*, p. 529.) — Il résulte de ce principe que
tant que le même titre existe et que l'interruption a lieu
par un tout autre fait que ceux prévus par l'art. 189, par
exemple, par un commandement, une citation en justice, etc., le débiteur pourra, à partir de l'interruption,
prescrire dans le délai de cinq ans. — Mais s'il y a eu condamnation ou reconnaissance par acte séparé, la prescription ordinaire est applicable (Voir Troplong, t. 2, nᵒˢ 536
et suiv., p. 72).

SECTION CINQUIÈME.

Suspension.

« La prescription court entre toutes personnes, à moins
qu'elles ne soient dans l'exception établie par une loi. »
(2251 Code civil.)

« La prescription ne court point entre époux. » (2253
Code civil.)

Comme nous l'avons dit, la prescription de cinq ans
court contre les mineurs et les interdits (2278 Code civil).
Du reste, les expressions de l'art. 189 Code de commerce
sont générales ; il ordonne que *toutes* actions relatives aux
lettres de change seront prescrites au bout de cinq ans.
Ces termes doivent embrasser, dans leur généralité, non-
seulement les mineurs et les interdits, mais les absents et
les faillis.

Si la faillite ne suspend pas la prescription à l'égard du
débiteur, en est-il de même à l'égard des créanciers ? (Voir
les notes.)

La force majeure relève de la prescription, *contra non
valentem agere non currit prescriptio.*

SECTION SIXIÈME.

Renonciation.

« On ne peut d'avance renoncer à la prescription. — On peut renoncer à la prescription acquise. » (2220 Code civil.)

« La renonciation à la prescription est expresse ou tacite ; la renonciation tacite résulte d'un fait qui suppose l'abandon du droit acquis. » (2221 *id.*)

« Celui qui ne peut aliéner ne peut renoncer à la prescription acquise. » (*id.*)

« Les créanciers, ou toute autre personne ayant intérêt à ce que la prescription soit acquise, peuvent l'opposer encore que le débiteur y renonce. » (2225 *id.*)

SECTION SEPTIÈME.

Effets de la Prescription.

Au moyen de la prescription, la dette se trouve éteinte comme si elle avait été acquittée; il n'est plus permis au créancier de la faire revivre d'une manière indirecte, au moyen d'une exception.

Pour que la prescription quinquennale soit applicable, il faut que l'acte auquel elle s'attache présenté, en la forme et au fond, les caractères exigés pour qu'il y ait lettre de change. — Lorsque la lettre de change est réputée simple promesse, elle n'est plus qu'une obligation civile prescriptible seulement par trente ans.

Pour que les billets à ordre soient assimilés aux lettres de change, relativement à la prescription, il faut qu'ils

émanent de commerçants ou qu'ils aient pour cause une
opération commerciale. — Sans l'une de ces deux conditions, ou si le billet souscrit par des négociants repose sur
une cause purement civile, il rentre dans la catégorie des
contrats civils et est prescriptible comme eux.

SECTION HUITIÈME.

Étrangers.

« La prescription peut être invoquée par les étrangers
résidant en France. » — « Le commerce (comme il a
déjà été dit) repose sur le droit naturel et sur le droit des
gens. — Si les obligations commerciales créées pour con-
sommer ses transactions ont la même origine, le mode
d'extinction de ces obligations participe de leur nature,
suit leur destinée, et profite nécessairement à tous, sans
distinction de nationalité. » (Nouguier, t. 1, p. 578-579,
n° 36.)

FIN.

NOTES.

LIVRE PREMIER.

CHAPITRE II.

De la Lettre de Change.

SECTION PREMIÈRE.

Définition. — Forme.

1. « On peut valablement stipuler une hypothèque pour sûreté d'une lettre de change ou autre effet de commerce; mais l'hypothèque conventionnelle devant toujours résulter d'un acte authentique et notarié (Code civil 2127), il suit de là que l'hypothèque ne peut être stipulée dans le corps même de l'effet qu'autant qu'il est passé par-devant notaire. » (Devil. et Massé, v° *Lettre de Change*, n° 44, p. 84.)

Quant au point de savoir si l'hypothèque peut être valablement transmise par la voie de l'endossement, voir les notes qui le concernent.

2. « L'acte par lequel le débiteur de lettres de change hypothèque des immeubles pour sûreté de ces effets, constitue une nouvelle obligation distincte de celle résultant des lettres de change, et par suite, cet acte est passible du droit proportionnel d'enregistrement, outre celui perçu sur les lettres de change, et non pas seulement d'un droit fixe. » (Cassation, 22 décembre 1807 ; — 5 août 1833. — Sirey, t. 33-1-619.)

3. « Des lettres de change peuvent être souscrites par un fondé

de pouvoirs sans que l'essence en soit altérée. » (Parthou , 22 ventôse an XII. — C. rej. — S., v° 4-1-257.)

4. « L'individu constitué caissier d'une compagnie qui n'a pas d'existence réelle est personnellement responsable des effets qu'il a souscrits en vertu du mandat exprès que lui a conféré le soidisant gérant de cette prétendue compagnie. » (Limoges, 20 juillet 1837. — Dalloz , 2-277.)

SECTION DEUXIÈME (1re PARTIE).

Caractères essentiels à la validité de la Lettre de Change.

5. « La lettre de change est soumise à des formes et à des énonciations de rigueur , tellement que l'omission de quelquesunes de ces formes ou énonciations, a pour effet de lui faire perdre le caractère que la loi lui attribue. » (Devil. et Massé , v° *Lettre de Change* , n° 17 , p. 482. — Dalloz, *Recueil alph.* , t. 4 , p. 561.)

« Aucune de ces conditions (énumérées dans l'art. 110) ne peut être omise sans que la lettre ne soit ou sans effet , ou réduite à des effets moindres que ceux d'une lettre parfaite. » (Pardessus, *Droit comm.* , v° *Lettre de change* , n° 331, p. 348.)

« La lettre de change jouit de grands et nombreux priviléges : réputée acte de commerce, elle entraîne la contrainte par corps, soumet à la juridiction consulaire, et peut être cédée sans aucune des formalités indiquées par le droit civil ; entre toutes personnes capables de s'obliger, elle réalise par elle-même une opération commerciale ; quelle que soit la cause qui la fit créer, tous ceux dont la signature y figure , tireur, endosseur, accepteur, donneur d'aval, sont présumés avoir participé à un acte de trafic et de négoce. — Mais, pour jouir de ces immunités, pour mériter ces priviléges, il faut que le titre décoré du nom de lettre de change en contienne réellement tous les caractères. Si le vœu de la loi était méconnu , si les conditions qu'elle prescrit pour constituer le titre régulier étaient omises , ou n'étaient pas sérieusement accomplies, il n'existerait plus de lettre de change , il resterait une obligation ordinaire dont il faudrait, pour connaître les effets , étudier la nature et l'origine. » (Nouguier , *des Tribunaux de Commerce* , t. 2 , p. 3.)

ARTICLE 1er.

Remise d'un lieu sur un autre.

6. « La lettre de change n'a pas besoin d'être tirée d'une place de commerce sur une autre place de commerce. » (Grenoble , 25 août 1838. — D. , 2-20.)

7. « Une lettre de change n'est pas tirée d'un lieu sur un autre, dans le sens de la loi , lorsque le tireur et le tiré habitent et sont indiqués dans la même ville ; peu importe que l'un soit dans l'intérieur de la ville et l'autre dans la banlieue. » (Bordeaux , 23 avril 1830. — S. , v° 30-2-302. — D. P. , 30-2-258.)

8. « Une lettre de change à l'ordre de soi-même n'étant parfaite que par l'endossement du tireur , ne peut être réputée *tirée d'un lieu sur un autre* , et contenir remise de place en place , si cet endossement est daté du lieu même , ou de la *banlieue* de la ville où la lettre doit être acquittée.

« En un tel cas , les tribunaux de commerce peuvent (si les parties sont non commerçantes) se déclarer d'office incompétents ; un pareil titre manquant d'un des caractères constitutifs d'une véritable lettre de change. » (Toulouse, 6 mars 1830, 20 juin , 4 juillet 1835. — Sirey, v° 35-2-100. — Paris, 8 mars 1842. — Sirey, 1842, 2-519.)

9. —

10. « La supposition du lieu d'où une lettre de change est tirée a pour effet de la faire réputer simple promesse , encore

bien que, dans la réalité, cette lettre de change ait été tirée d'un lieu sur un autre. » (Metz, 1ᵉʳ décembre 1836. — S., vᵒ 37-2-238.)

ARTICLE 2.

Date.

11. « Le défaut de date, dans une lettre de change, n'en entraîne pas la nullité, lorsque la circonstance de la date, à une époque ou à une autre, n'est pas de nature à changer ce droit. » (Nimes, 15 juillet 1819. — Sirey, vᵒ 1-92-294.)

12. « Les endossements irréguliers, non datés, ne transfèrent pas, à l'égard des tiers, et, par exemple, des souscripteurs, la propriété des effets de commerce sur lesquels ils sont apposés; — et aucune preuve de propriété n'est admissible hors des termes de l'endossement ; — par suite, le porteur, en vertu d'un endossement irrégulier, est réputé le mandataire de celui duquel il a reçu l'effet de commerce, et, comme tel, soumis aux mêmes exceptions que son mandant. » (Cassation, 5 juillet 1843. — D. P., 43-1-242.)

ARTICLE 4.

Du nom de celui qui doit payer la Lettre de Change.

13. « Lorsque, dans une traite, le tireur a dit : *Je paierai,* et qu'il a néanmoins indiqué le nom d'un tiers comme tiré, il y a véritable lettre de change.» (Toulouse, 22 juillet 1626 ; — Cassation, 14 mai 1828. — Sirey, t. 28-1-172 ; — Nouguier, t. 1, p. 85. — *Contrà,* Bordeaux, 17 novembre 1843. — D., 1844, 2-1271.)

14. « Le tireur peut-il se désigner lui-même comme tiré ? — Dans ce cas, y a-t-il lettre de change ? » (Voir les notes concernant le *Billet à domicile.*)

ARTICLE 5.

De l'époque du Paiement.

15. « L'échéance d'un billet à ordre n'est pas suffisamment indiquée par ces mots : « *Je paierai toutefois et quand.* » Ces mots
ne peuvent être considérés comme équivalent à ceux-ci : *Je
paierai à volonté, à présentation.* » (Paris, 29 avril 1829. — Sirey,
v° 29-2-139; — D. P., 29-2-249.)

16. Lorsqu'un effet de commerce a été confectionné le dernier
jour d'un mois composé de trente-un jours, c'est quantième par
quantième et non par fin de mois qu'il faut calculer le délai d'é-
chéance. — Ainsi, une lettre de change tirée le 28 février, à dix
mois de date, est payable le 28 décembre suivant, soit que le mois
de février n'ait que vingt-huit, soit qu'il ait vingt-neuf jours
(année bissextile). » — (Entre autres arrêts, de la cour de cassation, 21 juillet 1818. — Sirey, t. 19-1-237 ; — Pardessus, *Droit
comm.*, n° 183, p. 66 ; — Favard de Langlade, *Répert.*, t. 3 ,
p. 266 ; — Nouguier, t. 1, p. 88.)

17. « L'indication précise de l'époque du paiement est de l'essence de la lettre de change. En conséquence, le mandat à ordre
par lequel une personne en charge une autre de payer à un tiers,
dans un autre lieu, une somme de....., après le décès d'un individu désigné, ne peut être considéré comme lettre de change,
par cela seul qu'il n'indique pas le jour où le paiement doit être
fait. Ce n'est qu'une simple promesse de la compétence des tribunaux civils. » (Bruxelles, 6 janvier 1837; — Toulouse. —
Sirey, v° 37-2-239; — D. P., 32-2-120.)

ARTICLE 6.

Du lieu du Paiement.

18. Il n'est pas essentiel, dit **M.** Orillard, dans son *Traité de
la compétence des tribunaux de commerce*, que le lieu du paiement

soit indiqué (sauf le cas où le paiement doit se faire au domicile d'un tiers), le paiement est censé devoir être fait chez le tiré. — Mais alors il faut que le domicile du tiré soit indiqué, afin d'éviter toute équivoque ou tout autre inconvénient.

ARTICLE 7.

De la Valeur fournie.

19. « Lorsqu'on prétend qu'une lettre de change a une cause illicite, on peut astreindre le porteur à comparaître en personne, et à produire ses livres de commerce. » (Colmar, 25 mai 1808. — Sirey, t. 8-2-334.)

20. « Une lettre de change qui exprime une fausse cause n'en est pas moins valable si elle a une cause licite et réelle. » (Cassation, 19 juin 1832. — Sirey, 32-1-629. — Pau, 11 novembre 1834. — S. 35-2-167.)

21. « La cause illicite d'un effet de commerce ne peut être invoquée contre le tiers-porteur de bonne foi ; mais elle peut l'être contre celui qui a connu l'illégalité de la cause. » (Cassation, 26 janvier 1819. — Horson, t. 1, *Question* 49, p. 163.)

22. « Des lettres de change qui ont pour origine des opérations de contrebande ne sont pas valables, quoiqu'elles soient causées valeur reçue comptant. » (Paris, 5 janvier 1828 ; — Gazette des tribunaux de commerce du 8 janvier 1828, n° 69.)

23. « Le défaut de cause ou de valeur ne peut être opposé au porteur par l'accepteur. » (Paris, 22 décembre 1825 et 15 mars 1826. — Sirey, t. 26-2-304.)

24. « L'expression valeur reçue comptant suffit pour énoncer la valeur fournie. » (Cassation, 13 novembre 1821. — Sirey, t. 22-1-55.)

25. « Sont insuffisantes les expressions : *Valeur reçue* (Colmar, 23 mars 1814 ; — S., v° 16-2-92. — Cassation, 24 juin 1812. — Merlin, *Répert.*, v° *Lettre de change*, § 4, p. 87 ; — *valeur entre*

nous (Cassation, 19 juin 1810. — Sirey, t. 10-1-374); — *valeur prêtée à mon besoin* (Paris, 29 avril 1829); — *valeur en moi-même*, à moins que la lettre de change ne soit à l'ordre du tireur, et endossée avec indication de la valeur reçue. » (Turin, 31 mars 1813.)

26. « Un effet qui n'énonce pas la valeur fournie, suivant le vœu de l'art. 110, n'est pas même une simple promesse, et les contestations qu'il provoque ne sont pas de la compétence du tribunal de commerce, si, d'ailleurs, il ne s'agit pas d'une opération commerciale, l'incompétence étant *rationæ materiæ* peut être opposée en tout état de cause, même pour la première fois sur l'appel. » (Cassation, 19 juin 1810. — Sirey, t. 10-1-374. — Caen, 31 janvier 1826; — S., v° 26-2-315; — D. P., 26-2-150. — *Contrà*, cassation, 30 août 1826; S., v° 27-1-155.)

27. « Ne peut être considéré comme un billet à ordre l'effet qui n'énonce pas l'*espèce* de valeur fournie, bien qu'il soit à l'ordre d'un tiers. — En conséquence, le tribunal de commerce est incompétent pour connaître de la demande en paiement d'un tel effet si le défendeur n'est pas commerçant, quand même l'effet serait revêtu de signatures commerciales. » (Faillon, 17 novembre 1828. — Toulouse. — S., v° 29-2-117; — D. P., 29-2-145.)

28. « Lorsqu'une lettre de change n'énonce pas la valeur fournie elle ne vaut pas, relativement à celui à l'ordre duquel elle est souscrite, comme lettre de change; mais elle vaut ou peut valoir, à son égard, comme procuration, à l'effet de compléter la lettre de change par un endossement régulier envers un tiers donneur de valeur. » (Pomarède, 4 juin 1825. — Toulouse. — S., v° 25-2-308.)

29. « Une lettre de change tirée à l'ordre du tireur lui-même est régulière et valable comme lettre de change, quoiqu'elle n'énonce l'espèce de valeur fournie que dans l'endossement passé

par le tireur. » (Grangent, 6 juillet 1826. — P. S., v° 27-2-204.
— D. P., 25-2-102.)

ARTICLE 8.

De l'Ordre au profit d'un tiers ou du tireur lui-même.

30. « Pour qu'il y ait véritablement lettre de change, il faut
que la lettre soit à l'ordre du bénéficiaire et non à un porteur déterminé. » (Cour royale de Toulouse, 14 janvier 1828. — Sirey,
t. 28-2-300 ; — MM. Merlin, *Addition, au mot lettre et billet
de change* , § 2, n° 2, p. 631 ; — Locré, sur l'art. 110, p. 342 ;
— Pardessus, *Cours de droit commercial*, n° 339, p. 358 ; —
E. Vincens, livre VIII, chapitre Ier, n° 9, p. 174 ; — Nouguier,
t. 1, n° 2, p. 101 ; — Devil. et Massé, v° *Lettre de change* ,
n° 37, p. 84.)

SECTION TROISIÈME.

Capacité requise pour intervenir dans les Lettres de Change.

31. « Les femmes ne peuvent souscrire des lettres de change
qu'autant qu'elles sont marchandes publiques. » (Voir les notes
concernant le chapitre IV.)

CHAPITRE III.

Des Stipulations et Usages facultatifs en matière de Lettres de Change.

SECTION PREMIÈRE.

Divers exemplaires d'une Lettre de Change.

32. « Lorsqu'une *deuxième* porte qu'elle ne sera payée qu'autant que la *première* ne l'aura pas été, l'endosseur qui endosse les
deux exemplaires, n'est point responsable envers le porteur de

la *deuxième* qui a reçu ce titre, tandis que la *première* était légalement en circulation.

» Dans ce cas, le porteur de la *seconde* est averti par les énonciations qu'elle contient. — Pour se mettre à l'abri des fraudes de son cédant, il doit se faire remettre la *première*. » (Cassation, 4 avril 1832. — Sirey, t. 32-1-29.)

SECTION DEUXIÈME.

Indication du Paiement au domicile d'un tiers.

33. « Le domicile élu par l'accepteur, pour le paiement d'une lettre de change, est un domicile élu pour recevoir l'assignation. (Entre autres arrêts, cassation, 13 janvier 1829. — Sirey, t. 30-1-160. — Bordeaux, 4 février 1835; — Paris, 8 juillet 1836. — Sirey, t. 36-2-367).

» Un acte d'appel n'est pas valablement signifié au domicile élu pour le paiement. » (Turin, 29 novembre 1809 et 8 janvier 1810. — Sirey, t. 14-2-392.)

SECTION TROISIÈME.

Lettre de Change d'ordre.

34. « L'acceptation n'est pas preuve de provision, à l'égard du tireur pour compte. Si donc le tireur est poursuivi à défaut de paiement, il n'a son recours contre l'accepteur qu'à la charge de prouver contre lui l'existence de la provision. » (Paris, 13 juin 1811 ; — Cassation, 25 juin 1812. — Sirey, t. 13-1-277.)

35. « Sous l'empire du Code de commerce, comme sous la loi du 19 mars 1817, le tireur pour compte n'était personnellement obligé qu'envers les endosseurs et porteur ; il n'était pas obligé envers l'accepteur, s'il résultait de la correspondance qu'il n'avait pas entendu s'obliger à son égard. » (Cassation, 22 mai 1817,

1er décembre 1818. — Sirey, t. 19-1-285; — Pothier, Savary, Vincens, Locré, Merlin, Dalloz, Nouguier, p. 123, t. 1.)

36. « Le tireur pour compte est personnellement obligé envers le porteur, bien qu'il n'ait pas reçu de valeurs, et que l'effet déclare que les valeurs ont été fournies au donneur d'ordre lui-même. » (Cassation, 4 mai 1831. — Sirey, t. 31-1-199.)

37. « Dans les lettres de change d'ordre et pour compte d'un tiers, le tireur est le seul obligé directement envers les tiers; ceux-ci n'ont pas contre le donneur d'ordre une action personnelle dérivant du contrat de change; ils ne peuvent agir que comme subrogés aux droits du tireur leur débiteur, et exercer l'action du mandat. » (Entre autres arrêts, cassation, 1er décembre 1824. — Sirey, t. 25-1-136. — Pau, 8 juillet 1826; — Paris, 9 mars 1832. — Sirey, t. 32-2-538; Merlin, v° *Lettre de change*, § 4, n° 10; — Dalloz, *Répertoire méthodique*, v° *Effets de commerce.*)

38. « Les tiers-porteurs ne peuvent pas même exercer contre le donneur d'ordre l'action accordée au tireur, son mandant; si ce tireur est en faillite, la créance du tireur pour compte, contre le donneur d'ordre, appartient à la masse de sa faillite. » (Cassation, 27 août 1832. — Sirey, t. 32-1-561.)

SECTION QUATRIÈME.

Des Besoins.

39. « Le porteur d'un effet de commerce doit faire protester au domicile du besoin indiqué par les endosseurs, aussi bien qu'à celui indiqué par le tireur. » (Tribunal de commerce du Hâvre, 12 mai 1829. — Gazette des Tribunaux de commerce du 24 mai 1829, n° 244; — Tribunal de commerce de Paris, 17 novembre 1836. — Sirey, t. 37-2-93. — En sens contraire, cassation, 24 mars 1829; 3 mars 1834. — Sirey, t. 34-1-220. — Paris, 16 février 1837. — Sirey, t. 37-2-152.)

SECTION CINQUIÈME.

De la Mention retour sans frais.

40. « Les parties peuvent se dispenser, par des conventions particulières, des prescriptions du Code de commerce relatives aux poursuites à exercer en cas de non-paiement d'effets de commerce. » (Cassation , 20 juin 1827 ; 23 décembre 1835. — Dalloz, t. 36-1-206.)

41. « La mention *retour sans frais* dispense le porteur, et lui interdit même de faire protester, relativement à ceux qui ont accepté cette dérogation à la loi. » (Cour royale d'Angers , 15 juillet 1831. — Sirey, t. 31-2-290. — Tribunal de commerce de Louviers, 8 janvier 1833. — Sirey, t. 33-2-170. — Cassation, 8 avril 1834. — Sirey, t. 34-1-225 ; — Pardessus , *Droit commercial*, ch. VIII, sect. 1, n° 425, p. 475; — Nouguier, t. 1 , p. 133 et suiv.

En sens contraire, Horson, *Questions* 22 et suiv., p. 167 et suiv.)

M. Horson convient qu'on peut légalement dispenser le porteur de faire le protêt et les diligences, et stipuler qu'on s'en rapporte à lui sur le fait de la présentation du titre à l'échéance; mais il prétend que, pour éviter tout à la fois les fraudes et les équivoques, il faut que cette stipulation, indiquant positivement que le porteur est affranchi de l'obligation de protester, soit, quelque embarrassante que paraisse la mesure, surtout pour les billets à ordre, insérée dans le corps du titre, de manière que l'effet ne puisse être négocié que sous cette condition, qu'aucune incertitude ne s'élève sur la certitude de son origine, et qu'enfin on ne puisse abuser d'un endossement laissé en blanc pour l'y insérer (*Quest.* 125 , p. 175 et suiv.).

Lorsque la mention *retour sans frais*, dit M. Horson, est faite seulement par une partie des endosseurs , quelle règle de conduite devra adopter le porteur pour conserver son recours contre tous ? (Nous l'avons expliqué au texte.)

Enfin, M. Horson se pose la question de savoir dans quel délai le porteur d'un effet qu'il n'a pas fait protester, par suite de la mention du retour sans frais, est tenu d'exercer son recours contre les endosseurs. C'est encore là, dit-il, une des difficultés à peu près insolubles que fait naître la malencontreuse stipulation du retour sans frais.

« La loi dit que le porteur est tenu de protester à l'échéance et de dénoncer le protêt, et poursuivre en remboursement dans la quinzaine de sa date, à peine de déchéance ; la base de cette procédure manque si le protêt n'existe pas, et on ne sait plus quelle est la nature de l'action du porteur, et par conséquent quelles règles on doit lui appliquer. — Nous inclinons fortement à penser, dit M. Horson, que l'action en recours ne doit pas moins être dirigée dans la quinzaine de l'échéance, car si cette action ne s'éteignait que par la prescription ordinaire, toutes les régles de la matière se trouveraient bouleversées ; et, comme aucun acte n'existerait pour prouver que le titre a ou n'a pas été acquitté à l'échéance, on verrait bientôt revivre, par suite de collusion avec un souscripteur devenu insolvable, des billets éteints depuis long-temps.

» Au reste, dit-il en terminant, cette nouvelle difficulté, à ajouter à toutes celles que nous avons signalées dans la feuille du 17 mars 1828, nous conduit à persister plus que jamais dans l'idée que, sans s'arrêter à la mention de retour sans frais, un porteur prudent doit faire constater le refus de paiement, et exercer son recours dans les formes tracées par le Code de commerce. » (*Question* 128, p. 187.)

— Si la mention retour sans frais engendrait autant d'inconvénients que le prétend M. Horson, elle ne serait pas d'un usage aussi fréquent. Elle est trop utile pour qu'elle soit abandonnée ,

et le système de M. Horson, qui tendrait à neutraliser ses effets, ne doit pas prévaloir.

Nous convenons, avec M. Horson, que la mention qui n'est
pas signée, ou qui ne se trouve pas dans le corps du titre, peut
être le sujet de très-fâcheuses difficultés. — Nous croyons qu'on
doit la proscrire, ou que le porteur n'y doit avoir aucun égard.
— Mais nous sommes loin de penser, malgré les inductions qu'on
peut tirer de l'arrêt de la cour de cassation du 8 avril 1834, et
de celui de la cour royale d'Agen, du 9 janvier 1838. — D. P.,
38-2-186, qu'il soit de toute nécessité que cette mention se
trouve dans le corps du titre ; il nous paraît que, pourvu qu'elle
soit signée, cela est suffisant, puisque le preneur ne peut pas,
en voyant la signature du tireur, révoquer en doute sa volonté.
— Il est bien vrai, comme le dit M. Horson, que si la mention
ne se trouve pas dans le corps de la lettre, elle pourra être le
résultat de la fraude : par exemple, le porteur négligent ayant
perdu son recours aura pu l'y faire apposer par un tireur devenu
insolvable. — Cela est incontestable, et nous avouons que la
mention dans le corps du titre ne peut pas engendrer cet inconvénient. — Mais, en définitive, cet inconvénient, pour qu'il existe,
doit être le résultat d'un faux. — On peut abuser de tout, on
peut tout falsifier ; si l'homme ne voyait que le mauvais côté des
choses, tous les moyens d'actions seraient à l'instant paralysés. —
La prudence doit avoir ses limites, et se reposer sur la crainte
salutaire qu'inspire la loi pénale du soin d'éloigner une éven-
tualité à laquelle on ne pourrait se soustraire sans sacrifier un
intérêt permanent.

Relativement aux endosseurs, la mention retour sans frais,
apposée par le tireur, doit avoir pour résultat de les priver, vis-
à-vis du porteur, du bénéfice de la déchéance prononcée par
l'art. 168. — Cela est évident, ils ont accepté la clause qui interdit les poursuites, et cette clause peut leur être opposée aussi
bien qu'au porteur. — Du reste, quelle que soit la liberté que

cette mention donne au porteur, il ne faut pas croire qu'elle soit telle qu'il lui soit permis de rester dans un mutisme complet vis-à-vis du tireur ou des endosseurs ; il est obligé de renvoyer la traite impayée dans un délai moral, et d'avertir son cédant du refus du tiré. — S'il manquait à cette obligation, et si, après avoir laissé écouler un délai considérable, il venait réclamer le remboursement, il pourrait être passible de dommages dans le cas où ce retard aurait occasionné un préjudice à son cédant.

En ce qui concerne la difficulté de préciser la déchéance, la prescription, elle n'existe pas, et ne peut pas motiver les poursuites, malgré la mention retour sans frais. — Il est évident qu'il n'y a pas de déchéance vis-à-vis des endosseurs. — Quant à la prescription, elle sera régie par la règle ordinaire, et, comme dans le cas de non protêt, elle commencera le lendemain de l'échéance.

Les décisions qui avaient été rendues sur la mention *retour frais* ne s'étaient expliquées jusqu'ici que sur le point de savoir si cette clause dispense le porteur de faire même un simple protêt ; question qui avait été résolue affirmativement. — Mais elles ne s'expliquaient pas sur les conséquences que doit entraîner cette clause. — Nous venons de lire un arrêt de la cour royale de Paris, du 7 janvier 1845 (Dalloz, t. 46-2-8), qui a décidé que si la clause de *retour sans frais*, apposée sur une lettre de change, dispense le porteur de faire un protêt, il demeure néanmoins soumis, à peine de déchéance, à l'obligation de transmettre, dans le délai de la loi, *avis* aux endosseurs du non-paiement de l'effet (Code de commerce, 165). — Il résulte de la doctrine de cet arrêt que la mention retour sans frais a pour effet de dispenser le porteur des actes judiciaires entraînant des frais, mais non pas de transmettre aux endosseurs, *dans les délais fixés par la loi*, l'avis du non-paiement, et que la déchéance est attachée à l'inobservation de cette formalité. — « Il est certain, au premier abord (dit l'arrêtiste, dans une note au bas de cet arrêt), que celui qui reçoit un effet de commerce portant la clause de *retour sans frais*, a dû croire qu'il était dégagé de l'observation de toutes formalités, et que, dans l'esprit de celui qui l'*a écrite*, il a dû se croire dispensé de toute espèce de frais, soit pour constater le refus de paiement, soit pour avertir les divers endosseurs antérieurs. — La décision qu'on rapporte n'admet pas une latitude si grande : elle exige une transmission d'avis du refus de paiement à tous les endosseurs. Or, et sans rechercher ici quelle espèce d'avis l'arrêt entend exiger, cet arrêt ne va-t-il pas au-delà du sens naturel de la clause dont on parle? » — Quant à nous, nous pensons qu'il ne peut pas y avoir de déchéance, mais qu'il pourrait y avoir, comme nous l'avons dit, action en dommages-intérêts. — Nous pensons, de plus, qu'il suffit que le porteur donne avis du refus de paiement à son cédant immédiat. Ce dernier s'adressera de même à son propre cédant, qui ne pourra pas lui opposer de déchéance, et qui se trouvera, vis-à-vis de lui, dans la position où ce dernier se trouvait vis-à-vis du porteur.

SECTION SIXIÈME.

De l'Aval.

§ 1, 2 et 3.

Caractères, formes et effets de l'Aval.

42. « Pour pouvoir souscrire un aval, il faut avoir les conditions de capacité requises pour faire une lettre de change. — En conséquence, n'est pas valable l'aval souscrit par une femme non marchande publique. » (Grenoble, 14 décembre 1833. — Dalloz, t. 34-2-70. — *Journal du Palais*, t. 59, p. 207. — Nougier, t. 1, n° 4, p. 311.)

43. « La femme qui a garanti, par aval, un billet souscrit pour cause commerciale par son mari commerçant, n'est con-

traignable par corps qu'autant qu'elle est marchande publique. »
(Bruxelles, 13 novembre 1830. — Sirey, t. 31-2-63.)

44. « L'autorisation donnée par le mari à sa femme de s'obliger jusqu'à concurrence d'une certaine somme, moyennant des conditions déterminées, n'est pas suffisante pour lui permettre de donner un aval de garantie à un billet à ordre de cette somme. — On ne peut soutenir que cet aval, alors surtout qu'il aggrave la position de cette femme, n'est que l'exécution de l'obligation autorisée, il faut nécessairement, dans ce cas, que le mari concoure à l'acte, ou qu'il autorise spécialement sa femme à cet effet. » (Cassation, 26 juin 1839. — *Journal du Palais*, 1839, t. 2, p. 12.)

45. « Lorsqu'une femme appose un aval sur une lettre de change souscrite même par son mari, il n'y a pas pour cela preuve de concours de ce dernier à l'engagement, l'aval est donc nul pour défaut d'autorisation (Riom, 2 février 1810. — Limoges, 26 mai 1821. Laborde contre Ribat.), à moins qu'il ne résulte des circonstances que la lettre de change et l'aval ont été créés en même temps. » (Riom, 23 janvier 1829, de Giat. — Cour royale de Bordeaux.)

46. « L'aval donné sur la lettre même n'est soumis à aucune forme particulière. — Il n'est pas nécessaire qu'il soit au bas ou en dehors de l'effet. — Il peut être au dos, — avoir même la forme d'un endossement, — résulter de la simple signature d'un tiers étranger à la lettre de change. » (Colmar, 22 novembre 1811 ; — Cassation, 30 mars 1819. — Sirey, t. 29-1-345. — Bruxelles, 13 novembre 1830. — Sirey, t. 31-2-63 ; — Nouguier, t. 1, p. 315. — *Journal du Palais, Répertoire général*, v° *Aval*, § 2.)

47. « Une simple signature apposée sur une copie de la lettre de change, doit être même considérée comme aval ; car une pareille signature n'a pu être donnée qu'avec une intention

quelconque, et cette intention est présumée avoir été de s'obliger. » (Pardessus, *Contrat de change*, n° 184.)

48. « La déclaration portant qu'on se rend garant, principal payeur, comme caution ou endosseur d'un effet de commerce, constitue un aval pur et simple. » (Grenoble, 24 janvier 1829. — Sirey , t. 29-2-235.)

49. « L'endossement irrégulier ne saurait être considéré comme un aval. » (Cassation, 18 mai 1813. — Horace Say , *Encyclopédie du droit*, v° *Aval*, n° 14.)

50. « Lorsqu'une lettre de change porte au dos une simple signature, cette signature constitue-t-elle un aval ou un endossement en blanc ? Il faut distinguer : — si le signataire est le même individu que celui au nom de qui est l'ordre qui précède cette signature; il n'y a là qu'un endossement en blanc équivalant à une procuration; il ne saurait y avoir un aval, puisque l'aval ne peut être donné que par un tiers, et que le propriétaire de la lettre ne peut se donner de garantie à lui-même. — Si, au contraire, l'ordre qui précède la signature n'est pas au nom de celui qui la donne, elle est un véritable aval; car le signataire n'ayant pu donner d'endossement, même irrégulier, d'une lettre qui ne lui était point transmise, il n'a pu avoir en signant d'autres intentions que de s'obliger. (Suivent les autorités. — *Journal du Palais*, *Répertoire général*, v° *Aval*, § 2, n° 28.) — Quand tous les endossements sont en blanc, si rien n'indique que la signature a été donnée plutôt pour un aval que pour un endossement, c'est à celui qui allègue que la signature a eu pour but un aval à le prouver. » (*Id.*, n° 29.)

51. « L'aval souscrit par un non négociant doit-il être précédé du *bon* ou *approuvé* exigé par l'art. 1326 du Code civil ? Il faut distinguer : cet aval est valable sans bon ni approuvé lorsqu'il est apposé sur un lettre de change ou un billet à ordre commercial. — Si le titre était purement civil, le *bon* ou *approuvé* serait

nécessaire. » (Nouguier, p. 315-316. — *Journal du Palais, Répertoire général*, v° *Aval*, § 2, n°ˢ 35 et 36.)

52. « L'aval souscrit par une femme non marchande publique, même sur un titre commercial, ne vaut même pas comme simple promesse, s'il n'a été précédé du *bon* ou *approuvé*. » (Jurisprudence de la cour de cassation ; — Paris, 20 mars 1830. — Sirey, t. 31-2-174 ; — Nouguier. — *Journal du Palais, Répertoire général*, v° *Aval*, § 2, n° 37.)

53. « Jugé, néanmoins, que l'aval souscrit par une femme, même non négociante, n'a pas besoin d'être précédé de l'approbation de la somme en toutes lettres, et que les mots *bon pour aval*, suivis de la signature, suffisent pour constituer l'aval. » (Riom, 23 janvier 1829, de Giat c. de Bord.)

54. « Le cautionnement (résultant de signatures en blanc) étant un contrat unilatéral doit, s'il n'est écrit en entier par la partie qui s'engage, contenir une approbation en toutes lettres de la somme ou de la quotité de la chose. » (Grenoble, 14 décembre 1833.)

55. « Il n'est pas nécessaire que l'aval donné par acte séparé spécifie la lettre de change garantie. — En conséquence, l'acte par lequel un tiers, même non commerçant, déclare se rendre caution des sommes qu'un négociant a prêtées, ou pourra prêter à un autre négociant par lettres de change, constitue un véritable aval.» (Cour de cassation, 24 juin 1816, Saghue c. Boissier. — *Encyclopédie de Droit*, v° *Aval*, n° 16. — Toulouse, 23 mars 1822. — Sirey, t. 22-2-218. — Rouen, 15 mars 1844. — *Journal du Palais*, t. 2, 1844, p. 372, Dabos c. Cauvet.

En sens contraire, cour royale de Paris, 12 avril 1834 ; — Sirey, t. 34-2-296 ; — Nouguier, t. 1, n° 11, p. 318.)

Dans son arrêt du 24 juin 1816, au rapport de M. Chabot, de l'Allier, la cour de cassation s'exprimait ainsi : « Attendu que la garantie fournie par le demandeur, dans l'acte du 4 mai 1811, jusqu'à concurrence de 20,000 fr., sur les sommes que les défendeurs avaient déjà prêtées, ou pourraient prêter au sieur Roquefeuil, par billets ou lettres de change, ou comptes courants, réunit tout ce qui est exigé par l'art. 142 du Code de commerce, pour constituer un aval ; et qu'en le décidant ainsi l'arrêt dénoncé a fait une juste application dudit article, et conséquemment n'a pas violé les art. 631 et 632 du même Code. »

56. « Le donneur d'aval est toujours assimilé à l'obligé qu'il a cautionné. — En conséquence, il est tour-à-tour tenu de la même manière que l'accepteur, le tireur ou les endosseurs. » (Entre autres arrêts, cassation, 26 janvier 1818 ; — 30 mars 1829 ; — Toulouse, 12 décembre 1827 ; — Grenoble, 24 janvier 1829. — Sirey, t. 29-2-235. — Pothier, Merlin, Vincens, Pardessus, — *Cours de Droit commercial*, t. 2, p. 439. — Nouguier, p. 321, t. 1.)

Contrà, un arrêt isolé de la cour de cassation, du 14 floréal an X. — Sirey, t. 2-1-283.)

57. « L'aval ne fait pas que le porteur soit privé, en cas de refus d'acceptation, du droit de faire protester, et d'exiger caution pour sûreté du paiement. — Dans cette hypothèse, le donneur d'aval est lui-même tenu de fournir cette caution ou de rembourser immédiatement. » (Toulouse, 12 décembre 1827. — Sirey, t. 29-2-111.)

58. « L'aval n'emporte, pour les signataires d'une obligation, que celle qui résulte du cautionnement, et non celle de la solidarité. — En conséquence, lorsqu'il se trouve sur une lettre de change plusieurs signataires pour aval, le porteur ne peut exiger de chacun d'eux que la valeur partielle de l'effet. » (2033 Code civil. — Gardes. — Montpellier, 16 novembre 1839. — D. P., 1840, 2-107.)

59. « Lorsque le donneur d'aval par acte séparé conteste que son aval s'applique à une opération commerciale, le débat est de la compétence des tribunaux civils et non de celle des tri-

bunaux consulaires. » (Beaucousin. — Rouen , 24 février 1841.
— D. P. , 1841 , 2-205.)

60. « Le donneur d'aval sur un billet à ordre , comme le donneur d'aval sur une lettre de change, est soumis, quoique non commerçant , à la contrainte par corps , si le souscripteur du billet est lui-même contraignable par corps. » (Code de commerce 12. — Paris, 15 novembre 1841. — Dalloz , *périud.*, 1843 , 4ᵉ partie, vᵒ *Caution*, p. 175.)

CHAPITRE IV.

Des Actes qui peuvent et doivent faire partie de la Lettre de Change.

SECTION PREMIÈRE.

De l'Endossement.

61. « La tradition réelle ne suffit pas pour la validité d'un transport d'effets mobiliers incorporels, notamment d'un billet à ordre. — Il faut qu'il y ait un acte translatif de propriété , et non pas seulement don manuel. » (Cour royale de Metz, 14 juillet 1818. — Sirey, t. 19-2-47 ; — Cassation , 17 juillet 1828. — Sirey, t. 29-1-74. — Nouguier, t. 1. p. 275.)

62. « La tradition réelle de la lettre de change suffit pour en transférer la propriété, quand il existe sur cette lettre un endossement en blanc émané du propriétaire. » (Cassation, 12 décembre 1815. — Sirey, t. 16-1-382.)

63. « La propriété de tout billet à ordre, même de celui qui est souscrit par un non commerçant, et pour cause non commerciale, est transmissible par endossement. » (Nettancourt, 28 novembre 1821. — C. , rej. — Nancy. — S., vᵒ 22-1-170 ; — D. A. , 6-635. — Durand Teysset , 13 novembre 1831 , cassation. — S. , vᵒ 22-1-55. — D. A. , 6-632. — Bernard, 25 juin 1836. — Pau. — Sirey, vᵒ 37-2-107. — D. P. , 37-2-21.)

§ 1er.

Forme de l'Endossement.

« L'endossement d'une lettre de change est régi, quant à sa forme et à ses effets, par la loi du lieu où il est fait. » (Paris, 29 mars 1836. — Sirey, v° 36-2-457. — D. P., 37-2-70.)

« Ainsi, l'effet d'un endossement fait en Angleterre, au profit d'un Français, de lettre de change souscrite par un Anglais et acceptée par un Anglais, doit être réglé d'après les lois anglaises. — Un tel endossement peut être considéré comme translatif de propriété, alors même que cet effet devrait lui être refusé s'il était apprécié selon les lois françaises. » (Arnold, 25 septembre 1829. — C. rej. — Rouen. -- S., v° 30-1-151.)

64. « La date d'un endossement n'est pas suffisamment indiquée par ces mots : *Ut retro, ut suprà.* » (Cassation, 23 juin 1817 ; — 14 novembre 1821. — Sirey, t. 22-1-230. — Pardessus, n° 345, p. 373.)

65. « Il en est autrement quand les autres conditions de l'endossement étant remplies, les expressions *ut suprà* ne peuvent s'appliquer qu'à la date. » (Aix, 9 février 1815. — Sirey, t. 16-2-94 ; — Nouguier, n° 3, p. 279 ; — E. Vincens, p. 181.)

66. « Un endossement conçu valeur en compte rend propriétaire le banquier dont le nom remplit l'ordre. » (Cassation, 14 floréal an IX. — Sirey, t. 1-1-429. — Merlin, v° *Endossement*, t. 4, p. 605.)

67. « L'expression valeur en recouvrement est insuffisante dans un endossement. » (Paris, 23 décembre 1806. — Sirey, t. 6-2-878.)

68. « L'endossement causé valeur pour solde est régulier. » (Tribunal de commerce du Hâvre, 4 août 1827. — *Gazette des tribunaux de commerce* du 11 août 1827, n° 6.)

69. « L'endossement causé valeur reçue peut être suffisant et translatif de propriété, lorsqu'il est apposé sur un billet à ordre

non commercial. » (Cassation , 12 juillet 1820. — Sirey, t. 21-1-200.)

70. « L'endossement écrit d'une autre main que celle de l'endosseur est valable sans *bon* ou *approuvé*. » (Cassation , 7 thermidor an XI. — Sirey, t. 3-2-352.)

71. « Lorsque le tireur n'a transmis la propriété que par transport notarié, l'accepteur peut opposer au cessionnaire, qui, dans ce cas, n'est pas un tiers-porteur, les mêmes exceptions qu'au cédant. » (Tribunal de commerce de Paris, 13 janvier 1828. — *Gazette des tribunaux de commerce* du 26 janvier 1828, n° 77.)

72. « L'endossement peut-il être fait par acte séparé, tel qu'un acte notarié, par exemple? — « Nous pensons (contrairement à l'opinion de M. Pardessus, n° 343, disent les auteurs du *Dictionnaire du contentieux commercial*) que la cession ou le transport d'une lettre de change, ou billet à ordre, pourrait également s'opérer dans la forme ordinaire des cessions de créance, par acte synallagmatique sous seing-privé, ou devant notaire. Seulement, dans ce cas, le transport ne jouirait pas du privilége de l'endossement qui saisit le cessionnaire, aussi bien à l'égard des tiers qu'à l'égard du cédant, sans qu'il soit besoin de signification au tiré, ou au débiteur cédé. — Du reste, ce transport, une fois notifié, produirait, à l'égard du tiré et des précédents endosseurs, les mêmes effets qu'un endossement. »

» Remarquons toutefois que cette forme de transmission, rompant la chaîne des ordres, ne permettrait plus au cessionnaire de transmettre l'effet par voie d'endossement : il ne pourrait plus le transmettre que par un transport ordinaire. » (Devil. et Massé, v° *Endossement*, n° 2.)

Les auteurs du *Dictionnaire du contentieux* émettent une opinion qui en définitive est contraire à l'endossement notarié. — Malgré cette opinion, celle de M. Pardessus, et celle de M. Dalloz (*Répert. méth.*, v° *Effets de commerce*, t. 6, p. 631), nous pensons, avec M. Nouguier, t. 1 , § 281 , que la loi ne prohibant pas ce mode de transmission , qui ne peut d'ailleurs présenter des inconvénients , ou toujours moindres qu'une procuration donnée par l'endosseur, et dont on pourrait abuser, etc., ce mode doit être permis.

73. « Les lettres de change sont-elles transmissibles par la voie de l'endossement, même après échéance et protêt ? — Oui.» (Entre une foule d'arrêts , cassation, 26 janvier 1833. — S., v° 33-1-100 ; — D. P., 33-1-54. — 28 janvier 1834. — Sirey , t. 34-1-115.

Non. Entre autres arrêts, tribunal de commerce de Paris, 20 juin 1833. — Sirey, t. 33-2-338. — Cour royale de Paris, 30 juillet 1833. — Sirey, t. 33-2-449. — Nouguier , p. 289 ; — Dalloz, *Répert. méth.* , v° *Effets de commerce* , p. 630 ; — Devil. et Massé , v° *Endossement*, n° 8.) — Le tribunal de commerce de Paris juge habituellement que l'endossement, après l'échéance, n'est qu'un transport civil, sans aucun effet opposable au tiers.

74. —

75. —

§ 2.

Effets de l'Endossement.

76. « L'endossement régulier suffit seul sans qu'il soit besoin d'aucune signification au débiteur pour saisir à l'instant même le porteur de la propriété de l'effet, et pour lui transmettre tous les droits qui en résultent contre celui qui doit en payer le montant. » (Vincens, t. 2, p. 174 ; — Locré, sur l'art. 136 Code de commerce; — Devil. et Massé , v° *Endossement*, n° 5, p. 323.)

« Ainsi, le porteur d'un effet, en vertu d'un endossement, n'est passible d'aucune des exceptions de compensation ou autres que le débiteur eût pu opposer personnellement au porteur antérieur. Le porteur actuel se trouve le créancier direct du débiteur, sans qu'on doive avoir égard à la position particulière du porteur

intermédiaire, duquel il est fait complètement abstraction. »
(Devil. et Massé, *ibid.*, n° 5. — Paris, 12 mars 1806. — S.,
v° 6-2-505.)

77. « Lorsque l'accepteur d'une lettre de change soutient que le
porteur, quoique saisi par endossement régulier, n'est cependant
que le prête-nom du tireur, et qu'il lui défère le serment sur ce
fait, le juge peut refuser d'ordonner le serment ou l'interrogation
sur faits et articles, s'il est convaincu de la bonne foi du porteur
et de la sincérité de l'endossement. » (Cassation, 2 février 1819.
— Sirey, t. 19-1-332.)

78. « Le tiers-porteur de bonne foi est à l'abri des réclama-
tions de l'accepteur pour cause de minorité. » (Paris, 24 nivôse
an IX. — Sirey, t. 1-2-610.)

79. « On ne peut opposer au tiers-porteur de bonne foi le
dol à l'aide duquel un endossement a été surpris. » (Cassation,
5 août 1807. — Merlin, *Répert.* v° *Endossement*, t. 4, p. 618.)

80. « Le souscripteur d'effets de commerce censés valeur reçue
en immeubles, ne peut opposer au tiers-porteur, soit la nullité
de la vente des immeubles, soit les inscriptions qui les grèvent,
pour se refuser à en acquitter le montant. — Vainement on
dirait que le contexte des effets a suffisamment averti les tiers,
que, si la vente était nulle, le prix cesserait d'être dû. » (Entre
autres arrêts, Grenoble, 2 mai 1835 ; — Cassation, 2 mai 1836.
— Sirey, t. 36-1-475). — *Contrà*, cour royale de Bordeaux,
18 thermidor an VIII ; — de Bourges, 17 avril 1832. — Sirey,
t. 32-2-489.)

81. « La remise d'un effet de commerce entre les mains d'un
tiers, avec déclaration que la valeur de ce billet est fournie par
ce tiers et lui appartient, équivaut à un endossement, en ce sens
que le tiers a le droit d'assigner le débiteur en paiement. » Toulouse, 28 mars 1832. — Sirey, t. 33-2-88.)

82. « Celui qui endosse une lettre de change comme mandataire d'un négociant, ne se rend pas, envers son mandant,

responsable du paiement. » (Cassation, 12 fructidor an X. — Merlin, *Questions de Droit*, t. 2, v° *Endossement*, p. 600.)

83. « La subrogation à une hypothèque conventionnelle est valablement faite au moyen de la transmission, par voie d'endossement de simples billets à ordre rappelant l'hypothèque, lorsque telle a été la convention entre le créancier et le débiteur dans le contrat constitutif de l'hypothèque. « (Cassation, 10 août 1831. — S., v° 31-1-371. — Cassation, 21 février 1838. — Sirey, v° 38-1-208; — Duvergier, *de la Vente*, t. 2, n° 212; — Troplong, *ibid.*, t. 2, n° 906.)

Contrà, Devil. et Massé, v° *Endossement*, n° 7, p. 324.

84. « Des billets à ordre causés pour prix de vente d'immeubles et mentionnés dans le contrat, sont un seul et même tout avec le contrat de vente, et participent au privilége du prix de vente sur l'immeuble vendu. » (Code civil, 2106-2108. — Cassation, 15 mars 1825. — S., v° 26-1-61.)

§ 3.

De l'Endossement irrégulier et de ses effets.

85. « Le porteur d'un effet de commerce, en vertu d'un endossement irrégulier ou en blanc, est réputé mandataire, non-seulement en ce sens que les créanciers de l'endosseur, auteur de l'ordre irrégulier, peuvent revendiquer l'effet, mais encore en ce sens que les débiteur, tireur, accepteur, ou autres, peuvent opposer l'exception *non numeratæ pecuniæ.* » (Jurisprudence de la cour de cassation. — Entre autres arrêts, 22 août 1828; — 15 juin 1831. — Sirey, t. 31-1-411. — 9 novembre 1836. — Sirey, t. 33-1-143; — Merlin, *Répert.*, v° *Endossement*, t. 4, p. 601; — Pardessus, n° 354, p. 385; — Locré, note sur l'art. 138, p. 439; — E. Vincens, ch. IV, n° 4, p. 223; — Nouguier, t. 1, n° 1, p. 300.

85 *bis.* « La règle portant que les endossements irréguliers ne

valent que procuration, et qu'on peut opposer au porteur toutes
les exceptions opposables à son cédant, s'applique même au cas
où l'endossement n'est irrégulier qu'à *défaut de date.* — C'est
une erreur de dire que la date n'est exigée que dans l'intérêt de
l'endosseur, que lui seul peut se prévaloir de l'omission de la
date; que, conséquemment, cette exception n'appartient pas,
soit au tireur, soit à l'accepteur. » (Cassation, 29 mars 1813.
— Sirey, v° 13-1-214. — Colmar, 13 juin 1810. — Sirey,
v° 10-2-385. — D. A., 6-638.— *Contrà.* — Grenoble, 3 février
1836. — D. P., 36-2-51. — Sirey, v° 36-2-419. — Bruxelles,
20 août 1812. — Sirey, v° 14-2-177. — D. A., 6-566.)

85 *ter.* « Pour que l'endossement d'un effet de commerce en
transfère la propriété, il faut absolument que dans l'endossement même se trouve la preuve de sa régularité. Aucun équivalent, aucun élément étranger, ou extrinsèque à l'endossement, ne peut être admis à cet égard. — Ainsi, l'endossement
en blanc d'une lettre de change, n'en transmet pas la propriété
au porteur, alors même que celui-ci prouverait en avoir fourni
la valeur. L'endossement en blanc ne vaut toujours, dans ce
cas, que comme procuration; et cela, aussi bien vis-à-vis du
souscripteur que de l'endosseur en blanc. » (Entre autres
arrêts, cassation, 15 juin 1831. — Sirey, v° 31-1-411 ; —
D. P., 31-1-210.)

86. « Jugé cependant que l'art. 138 du Code de commerce,
portant que l'endossement irrégulier n'est pas translatif de propriété
et ne vaut que comme procuration, n'établit entre l'endosseur et
le preneur qu'une simple présomption qui peut être détruite par
la preuve que l'endossement a eu pour but de transmettre la propriété, soit à titre onéreux, soit à titre purement gratuit. » (Entre
une foule d'arrêts, Paris, 8 juin 1831. — Sirey, t. 32-2-28. —
Cassation, 25 juin 1832.— Sirey, t. 32-1-189.— 31 juillet 1833.
— Sirey, 33-1-756; — Merlin, *Répert.*, v° *Endossement*, t. 4,
p. 598; — Nouguier, t. 1, n° 1, p. 301.)

87. « L'endossement en blanc, ou irrégulier, ne donne au porteur aucun pouvoir d'agir contre le tireur qui a des exceptions à faire valoir contre l'auteur de l'endossement irrégulier, encore que le porteur ait négocié le titre, et qu'à défaut de paiement à l'échéance il l'ait remboursé. — Ce remboursement, il est censé l'avoir effectué comme *mandataire* de celui qui lui avait irrégulièrement transmis le titre. » (Entre autres arrêts, cassation, 9 novembre 1836. — Sirey, t. 37-1-143 ; — Nouguier, t. 1, n° 4, p. 304. — *Contrà*, Colmar, 11 mars 1812. — Rouen, 24 février 1827. — Sirey, t. 27-2-143 ; — Merlin, *Questions de Droit*, t. 2, v° *Endossement*, n° 4, p. 584-587.)

88. « Il ne s'opère pas de compensation entre le débiteur et le porteur d'un effet de commerce, si ce porteur n'a pour titre qu'un endossement irrégulier non translatif de propriété. » (Cassation, 10 septembre 1812. — S., v° 13-1-254.)

89. « L'irrégularité d'un endossement sur une lettre de change n'est pas un obstacle à ce que le souscripteur ou l'endosseur soient poursuivis devant le tribunal de commerce. » (Cassation, 21 octobre 1825. — S., v° 26-1-412.)

90. « Est admissible, entre marchands, la preuve par témoins qu'un effet de commerce, quoique revêtu d'un simple endossement en blanc, a été transmis en toute propriété pour paiement de marchandises ou de toute autre cause. » Cassation, 17 septembre 1827. — S., v° 28-1-233.)

91. « Celui qui est porteur de billets à ordre, en vertu d'un endossement en blanc, peut en transmettre la propriété par simple tradition ou don manuel, sans qu'il soit nécessaire qu'il les revête de son endossement. L'effet à ordre revêtu d'un endossement en blanc est en quelque sorte un effet au porteur. » (Code civil 931 ; — Code de commerce 136-187. — Cassation, 21 août 1837. — S., v° 37-1-866. — Paris, 23 janvier 1840. — S., v° 40-2-230.)

SECTION DEUXIÈME.

De la Provision.

92. « Il n'y a pas provision, dans le sens de l'art. 116, de la part du tireur d'une lettre de change, par cela seul qu'il a précédemment accepté à découvert une traite fournie sur lui par celui sur qui il a tiré, lorsque son acceptation ne vient à échéance que postérieurement à sa propre traite. » (Paris, 20 mai 1828. — Sirey, t. 28-2-244.)

93. « Des marchandises consignées par le tireur d'une lettre de change entre les mains du tiré, pour être vendues, constituent une provision au profit du porteur, affectée au paiement de la lettre de change comme si la provision consistait en une somme d'argent. (Cassation, 3 août 1835. — Sirey, t. 35-1-866.) — Il en est de même, quoique le prix des marchandises ne se trouve pas dans les mains du tiré au moment de l'échéance de la lettre de change, mais qu'il soit encore dû par les acheteurs, et bien encore que le tireur soit en faillite à l'époque de l'échéance. Dès-lors, le prix doit être attribué au porteur de la traite, à l'exclusion des autres créanciers du tireur. » (115-136-139. — Douai, 21 août 1844. — Sirey, t. 45-2-158.)

94. « Il n'y a provision au profit du tireur d'une lettre de change, sur la marchandise existant aux mains du tiré, qu'autant qu'il y a eu affectation spéciale de cette marchandise déclarée par le tireur et acceptée par le tiré. — Tant que le tiré n'a pas donné son acceptation d'une manière expresse ou implicite, quelles que soient les conventions intervenues entre le tireur et le porteur de la traite, celui-ci ne peut se dire propriétaire de la marchandise; et au contraire, le tiré, s'il est créancier du tireur, peut retenir la valeur de ces marchandises en compensation de sa créance. » (Code de commerce 116-117-136-149. — Cassation, 9 juillet 1840. — D. P., 40-1-261. — Cassation, 9 juin 1841. — D. P., 41-1-259.)

ARTICLE 1er.

De la Provision relativement au Tireur.

95. « Le tireur ne justifie pas suffisamment de l'existence de la provision quand il démontre qu'elle existait avant l'échéance ; il faut qu'il prouve qu'elle était faite *au moment* de l'échéance. » (Bordeaux, 13 juillet 1831. — Sirey, t. 31-2-332.)

ARTICLE 2.

De la Provision relativement au Tiré.

96. « Les syndics du tireur qui, postérieurement à l'échéance d'une lettre de change, ont repris des mains du tiré les fonds formant provision, sont tenus, à l'égard du porteur, du paiement de la lettre de change. — Le tiré peut, dans ce cas, être renvoyé de l'action dirigée contre lui par le porteur. » (Rouen, 17 août 1838. — D. P., 40-2-41.)

ARTICLE 4.

De la Provision relativement au Porteur.

97. « Si le tireur tombe en faillite avant l'échéance et avant l'acceptation, la provision appartient-elle au porteur à l'exclusion des créanciers du tireur ? — Comme nous l'avons dit au texte (p. 63), la jurisprudence paraît irrévocablement fixée pour l'affirmative. » (Entre une foule d'arrêts, nous citerons les suivants : Cassation, 22 novembre 1830 ; — 15 février 1832 ; — 3 février, 7 décembre 1835. — Dalloz, t. 36-1-9. — Toulouse, 20 mars 1830. — Sirey, t. 30-2-348. — Nîmes, 13 juillet 1835. — Sirey, t. 35-2-428. — Douai, 21 août 1844. — Sirey, v° 45-2-158. — Rouen, 11 janvier 1844. — Sirey, 45-2-232. — Et parmi les auteurs, Favard de Langlade, *Répertoire*, v° *Lettre de Change*, section 2, § 2, n° 4 ; — E. Vincent, t. 2, p. 362 ; — Pardessus, t. 1, p. 342, 5e partie ; — Nouguier,

t. 1, 4e section, n° 2, p. 200; — Devil. et Massé, v° *Lettre de change*, § 4, n° 122, p. 488.)

L'opinion contraire, qui ne peut invoquer que très-peu d'arrêts (Toulouse, 17 avril 1821. — Sirey, t. 22-2-2. — Paris, 4 février 1822. — Sirey, v° 23-3-203; — et 16 juin 1828, après partage; — Sirey, 28-2-243), a pour elle l'opinion de MM. Horson, *Questions* 64 et suiv., p. 216; — Fremery, ch. XXI, p. 134; — Dalloz, *Répert. méth.*, t. 6, v° *Effets de Commerce*, p. 585; — Boulay-Pathi, *des Faillites*, t. 2, p. 31.

Dès le moment que, d'après le système de la loi admis par la jurisprudence, le contrat de change est la cause de la lettre de change, et que ce contrat consiste dans la vente ou la cession faite par le tireur des fonds que ce dernier possède dans un autre lieu où la lettre est souscrite, la jurisprudence ne pouvait pas se dispenser de décider que la provision appartenait au porteur, même en cas de faillite du tireur. — La provision ayant été vendue, cédée moyennant un prix qui a été payé, doit appartenir au porteur. — La livraison de la marchandise qui a été vendue peut ne se faire qu'à l'échéance de la lettre, il est vrai; mais le porteur peut exiger qu'elle soit déposée immédiatement après l'émission du titre, en requérant l'acceptation, et, à défaut d'acceptation, demander le remboursement, ce qui équivaut à une résolution pour inexécution de conventions, ou une caution solvable; ce qui prouve que le porteur n'est pas un créancier ordinaire. — Le porteur a donc pour ainsi dire le droit de se faire payer immédiatement après l'émission du titre la somme qui y est contenue, puisqu'il a le droit de requérir l'acceptation dont l'effet est d'obliger le tireur à compter entre les mains du tiré qui accepte, et s'engage pour lui le montant de la traite.....

La provision étant établie n'est qu'un dépôt entre les mains du tiré. — Il serait fort extraordinaire qu'on ne pût pas appliquer à la provision les art. 574 et 575 du Code de commerce, ou tout au moins les principes généraux en matière de dépôt.

L'art. 574, par ses expressions, semble s'appliquer directement à la matière. — Conçoit-on qu'on puisse faire une différence entre des effets de commerce remis au failli avec mandat d'en opérer le recouvrement, pour en garder la valeur à sa disposition, ou la faire servir à un paiement déterminé (d'acceptation ou de billets tirés au domicile du failli, disait l'art. 583, ancien texte), et une somme d'argent envoyée par le tireur au tiré pour ce dernier objet ?

On objecte que ce système serait la source des plus grands abus, puisque tout failli de mauvaise foi pourrait, soit au moment de la faillite, soit même après, moyennant une antidate, en émettant des lettres de change à l'ordre d'individus complices de ses manœuvres, s'emparer de ses dettes actives et les soustraire ainsi à ses créanciers. — Avec cette manière de raisonner, qu'on n'emploie que trop souvent, en ne présentant que le mauvais côté des choses, on saperait tous les systèmes possibles, car il n'en est aucun qui puisse mettre, dans tous les cas, à l'abri de la fraude.

D'un autre côté, l'arrêt du 16 juin 1828, rendu après partage, par la cour royale de Paris, porte ce considérant : « La lettre de change est un contrat uniquement fondé sur le crédit du tireur jusqu'au moment de l'acceptation. — Jusqu'à cette époque, le porteur reste livré à la foi du tireur, et suit le sort de ses autres créanciers, en cas de faillite. » — Oui, dans ce sens que le tireur peut envoyer ou ne pas envoyer la provision ; — qu'il peut la retirer s'il l'a envoyée ; mais, dans ce cas, il commet une fraude. — La provision, comme nous l'avons dit, est une marchandise. — D'après le système de la loi, il l'a vendue ; s'il la reprend, il reprend la chose d'autrui.

Enfin, M. Dalloz dit : « Nous inclinerions à partager l'opinion de ceux qui refusent au porteur un droit sur la provision, postérieurement à la faillite du tireur, sauf le cas d'*affectation spéciale*. »

Le contrat de change ne lui paraît pas être, comme on l'a prétendu, un transport de créance entre le tireur et le donneur de valeur, mais un contrat innomé, un contrat *do ut facias*. — D'où il suit que si l'obligé est dans l'impuissance de *faire* à l'époque indiquée dans le contrat, le créancier n'a qu'un recours personnel contre lui. — L'intention du législateur contredit ce système. A l'époque où la loi de 1808 fut discutée, l'on fit observer, notamment la chambre du commerce de Lyon (Voir Locré, t. 18, p. 176), que quoiqu'on définît la lettre de change une vente, une cession, il n'était pas toujours vrai que les fonds vendus ou cédés existassent entre les mains de celui qui devait payer; que le tiré était le plus souvent un commissionnaire libre de donner ou de refuser son acceptation. — Néanmoins, il résulte de l'exposé des motifs fait au corps législatif par M. Begouen (Locré, t. 18, p. 140-141), « qu'il est du caractère essentiel de la lettre de change de contenir remise d'un lieux sur un autre. — L'ordonnance de 1673 ne l'avait pas textuellement prononcé, on a cru devoir le consacrer par une disposition textuelle. »

Il est évident que si le législateur a voulu que la remise d'un lieu sur un autre fût un des caractères substantiels de la lettre de change; s'il l'a voulu ainsi, ce ne peut être que parce que cette remise établit le contrat de change, sans quoi de quelle importance eût été cette remise; de plus, ce contrat de change doit être une vente ou une cession, ou un transport de créance, car si le législateur ne l'avait considéré que comme une simple obligation, comme une obligation ordinaire, pour quel motif lui aurait-il appliqué des règles exceptionnelles? Peut-être le législateur a eu tort de poser un principe qui, dans son application juridique, produit de nombreuses difficultés. — Mais enfin ce principe existe, le législateur l'a posé dans la loi comme la base de la matière, et il doit recevoir son application, et nous ne pensons pas qu'il soit au pouvoir de la jurisprudence de le changer.

98. « La faillite du tiré détruit la position faite par le tireur. En conséquence, le tireur n'est pas libéré par le défaut de protêt. » (Entre autres arrêts, Bordeaux, tribunal de commerce, 16 février 1829; — Cassation, 30 juillet 1832. — Sirey, t. 32-1-657. — Lyon, septembre 1837. — Horson, *Question 59*, p. 206; — Pardessus, *Droit commercial*, ch. V, sect. 2, n° 393, p. 437; — Locré, sur l'art. 116, p. 375; — Dalloz, *Répert. méth.*, t. 6, v° *Effets de commerce*; — Nouguier, t. 1, p. 203.)

99. « Le porteur d'une lettre de change qui, au lieu de se conformer à l'art. 124 du Code de commerce, fait protester pour le tout, rend libre entre les mains du tiré la provision partielle qui y existait auparavant, tellement que le tiré peut valablement en payer le montant au porteur d'une nouvelle traite, sans que le porteur de la première puisse le critiquer. » (Cassation, 6 mars 1837. — Sirey, v° 37-1-381. — D. P., 37-1-206).

100. « L'acceptation d'une lettre de change ne prouve pas à elle seule qu'il y a eu provision à l'échéance : ce n'est qu'une simple présomption. » (Bruxelles, 21 mars 1810. — Sirey, v° 10-2-257; — D. A., 6-590.)

101. « Le porteur d'une traite protestée faute d'acceptation et de paiement, ne peut en poursuivre le paiement contre le tiré qu'en justifiant d'une provision faite existant en sommes liquides. » (Baring. — D. P., 40-2-103.)

SECTION TROISIÈME.

De l'Acceptation.

ARTICLES 1, 2, 3 et 4.

102. « Le porteur conserve son recours contre les endosseurs, encore qu'il ne fasse pas protester faute d'acceptation, quelque recommandation qui lui en ait été faite. » (Bruxelles, 20 avril 1811. — Sirey, v° 11-2-414.)

103. « Dans la même hypothèse , le porteur est responsable du dommage causé en ne réclamant pas l'acceptation. » (Cassation, 7 mars 1815. — Pardessus, *Droit commercial*, n° 583, p. 648 ; — Nouguier, n° 4 , p. 220.)

104. « Le mandat donné au porteur de faire accepter n'emporte pas l'obligation de la présenter de suite à l'acceptation. — En conséquence, le porteur est à l'abri de toute responsabilité, quant aux conséquences résultant du défaut de présentation immédiate. » (Cassation, 5 mai 1835 ; — 23 février 1836. — D. P. , 37-2-17.)

ARTICLE 5.

Forme de l'Acceptation. — Délais.

105. « L'acceptation par lettre missive ne soumet pas l'accepteur à la juridiction commerciale. » (Paris, 23 mars 1836. — Sirey, v° 36-2-460.)

106. « La promesse de payer , écrite dans une lettre missive, peut obliger le tiré si la missive est adressée au porteur. — Elle n'a aucun effet si elle est écrite au tireur. » (Lyon, 21 août 1827. — Sirey, v° 28-2-6.)

107. « Ce n'est pas accepter que d'écrire dans une lettre missive : *les traites recevront bon accueil* , ou *le meilleur accueil.* » (Cassation , 16 juin 1807. — Sirey, v° 7-1-385.)

108. « La promesse de payer contenue en une lettre missive, si elle ne vaut pas acceptation, peut du moins avoir l'effet d'obliger le tiré envers le tireur. » (Cassation, 16 mars 1825. — Sirey, v° 26-1-28. — Voir l'opinion unanime des auteurs.)

109. « Une simple acceptation en blanc ne peut, tant qu'elle reste en cet état, avoir d'autre effet que celui d'un commencement de preuve par écrit. » (Cassation , 20 mars 1832. — Sirey, v° 33-1-57.)

110. « L'acceptation exprimée par le mot *accepté* est valable quoiqu'elle soit apposée sur une lettre réputée simple promesse, et sans être précédée du *bon* ou *approuvé*. » (Bruxelles, 11 janvier 1808. — Sirey, v° 8-2-95.)

111. « La déclaration faite par le tiré, lors de la présentation du titre, qu'il ne peut payer à cause de l'imperfection de ce titre, ne constitue pas une acceptation, alors même que le tiré aurait déclaré qu'il avait les fonds pour acquitter la traite. » (Cassation, 28 décembre 1824. — Sirey, v° 25-1-286. — Paris, 20 juillet 1830. — Sirey, v° 30-2-369.)

112. « Jugé néanmoins que le tiré qui a reconnu lors du protêt *avoir reçu les fonds nécessaires*, et *déclaré qu'il espérait pouvoir payer incessamment*, cette déclaration équivalait à un engagement de payer, et obligeait le mandataire pour les causes du mandat. » (Aix, 9 août 1839. — D. P., 41-2-22.)

113. « Le serment décisoire ne peut être déféré sur la question d'acceptation, en matière de lettre de change, pour suppléer le défaut d'une acceptation verbale écrite en toutes lettres. » (Turin, 14 mai 1810. — Sirey, v° 11-2-50. — D. A., 6-619.)

114. « Celui sur qui une lettre de change a été tirée, d'ordre et pour le compte d'un tiers, peut, après avoir donné avis au tireur, accepter pour le compte de ce dernier, et non pour celui de l'ordonnateur. — L'acceptation ainsi restreinte ne doit pas être précédée de protêt. » (Paris, 11 avril 1834. — Cassation, 22 décembre 1835. — Sirey, v° 36-1-300.)

ARTICLE 6.

Effets de l'Acceptation.

115. « L'accepteur ne peut se refuser au paiement, sous prétexte qu'à l'époque de l'acceptation il n'y avait pas provision entre ses mains. (Aix, 9 février 1815. — Sirey, v° 16-2-94.)

116. « L'accepteur ne peut se refuser au paiement, sous prétexte que l'endossement est irrégulier. Ce moyen est réservé aux endosseurs ou à leurs créanciers. » (Paris, 23 brumaire an XII, 22 décembre 1825, 15 mars 1826. — Sirey, v° 26-2-304. — En sens contraire, Bruxelles, 30 juin 1810. — Sirey, v° 12-2-138.)

117. « La nullité de l'acceptation résultant du défaut de capacité de l'accepteur pourvu d'un conseil judiciaire, est opposable aux tiers. » (Orléans, 3 juillet 1835. — Sirey, v° 35-2-417.)

118. « L'acceptation de lettres de change à découvert ne constitue pas l'accepteur, tant qu'il n'a pas payé, créancier du tireur dans l'intérêt duquel il a accepté, encore bien que le montant des acceptations soit entré dans un compte courant. — Jusqu'au paiement, il n'a qu'une créance éventuelle; en telle sorte que si le tireur est lui-même créancier de l'accepteur pour sommes liquides et exigibles, il peut demander le paiement actuel de sa créance (*surtout en offrant caution* ou *consignation*), sans que celui-ci soit admissible à opposer, comme devant opérer compensation, la créance résultant en sa faveur des acceptations. » (Cassation, 20 décembre 1837. — Sirey, v° 38-1-46.)

ARTICLE 7.

Irrévocabilité de l'Acceptation.

119. « L'accepteur ne peut biffer sa signature, même lorsque la traite n'est pas sortie de ses mains, s'il a écrit au tireur qu'il tenait la première acceptée à la disposition du porteur de la deuxième. » (Cassation, 20 avril 1837. — Sirey, v° 27-1-442.)

ARTICLE 8.

Refus d'Acceptation.

120. « L'aval apposé sur une lettre de change ne peut empêcher le porteur de faire protester faute d'acceptation et de suivre sur protêt. » (Toulouse, 12 décembre 1827. — Sirey, v° 29-2-111.)

CHAPITRE V.

De la Solidarité.

121. « Les tireurs et endosseurs , tous coobligés solidaires, sont valablement assignés dans la personne de l'un deux et devant le juge du domicile de l'assigné; mais les endosseurs , ainsi assignés dans la personne de l'un d'eux , ne peuvent , sur cette demande , exercer les garanties contre le cédant. » (Nîmes , 30 messidor an XIV. — Sirey, v° 4-2-629.)

122. « Lorsqu'un billet a ordre a été souscrit par une femme, conjointement avec son mari négociant , elle est obligée solidaire , bien qu'elle ne soit pas marchande publique et que le billet soit causé valeur reçue comptant.» (Paris, 8 février 1820. — Sirey, v° 20-2-209.)

123. « Lorsque des lettres de change sont dues solidairement par un débiteur principal et sa caution , s'il arrive que les débiteurs tombent en faillite , et que les créanciers se fassent colloquer dans les deux masses, la caution a le droit de se présenter à la masse du débiteur principal ; encore que par ce résultat le débiteur principal se trouve faire un double paiement des mèmes créances. » (Bruxelles, 20 mai 1812. — Sirey, v° 14-2-102. — D. A. , 8-201.)

124. « Lorsque le porteur d'une lettre de change a été admis successivement dans la faillite du tireur et de l'accepteur, et que, par suite, le tireur et l'accepteur viennent exercer leur recours contre la faillite du donneur d'ordre , ils ne peuvent être admis l'un et l'autre, à la fois , comme créanciers du montant total de la lettre de change. — Ce serait imposer au donneur d'ordre l'obligation de payer deux fois la lettre de change. » (Code civil 1999 ; — Code de commerce 91-92-534. — Cassation , 1er décembre 1834. — Sirey, v° 25-1-136 ; — D. A. , 8-202.)

CHAPITRE VI.

De l'extinction des obligations résultant de la Lettre de Change.

SECTION PREMIÈRE.

Du Paiement.

§ 1, 2, 3.

125. « De la disposition de l'art. 157 du Code de commerce, portant que les juges ne peuvent accorder aucun délai pour le paiement d'une lettre de change, il ne résulte pas que l'accepteur doive être condamné sans délai, même provisoirement, s'il allègue que la lettre de change désavouée par le tireur est fausse.

Dans ce cas, néanmoins les endosseurs qui seraient garants, même au cas de fausse lettre de change, doivent être condamnés sans délai et définitivement. » (Bruxelles, 12 septembre 1812. — Sirey, v° 14-2-386.)

126. « Si un billet à ordre a pour cause une dette non commerciale, le juge peut, selon les circonstances, accorder un délai au débiteur. — Ici ne s'applique pas l'art. 157 du Code de commerce. » (Cassation, 31 juillet 1817. — Sirey, v° 18-1-299.)

127. « En matière de lettre de change, les offres qui ne renferment pas tous les intérêts qui ont couru à partir du protêt, sont insuffisantes et nulles. — A cet égard, l'offre de parfaire ne peut suffire. » (Paris, 25 août 1810. — Sirey, v° 14-2-240. — D. A., 10-577.)

§ 4.

Du paiement des lettres perdues.

128. « Les titres originaux d'une créance, tels que ceux d'une lettre de change, sont, au cas de perte, suffisamment suppléés par

les grosses ou expéditions de jugements, ou actes authentiques, qui en constatent l'existence lorsque la perte du titre ne prive le débiteur d'aucun recours contre ses coobligés. » (Aix , 20 mars 1832. — Sirey, v° 33-2-126.)

129. « L'acte de protestation prescrit par l'art. 153 du Code de commerce, au cas de perte d'un effet de commerce, doit-il, à peine de nullité , être précédé de l'ordonnance du juge autorisant le paiement, et de l'offre de caution dont parlent les articles 151 et 152 ? » (Voir au texte, p. 84 , les auteurs pour et contre.)

Pour l'affirmative, entre autres arrêts, cassation , 3 mars 1834. — Sirey, v° 34-1-220.

Pour la négative, cassation, 10 novembre 1828. — Sirey, v° 29-1-10. — Toulouse , 29 avril 1829. — Sirey, v° 29-2-258. — Dijon, 14 avril 1831. — Sirey, v° 34-1-220; — Pardessus, *Droit commercial*, n° 408 et suiv., p. 453.)

130. « La nécessité de donner caution, imposée par l'art. 155, est applicable au cas de perte d'un billet à ordre, même souscrit par un non commerçant et pour dette non commerciale. — Il suffit que le billet soit fait en forme commerciale. » (Paris , 15 décembre 1834. — Sirey, v° 35-2-117.)

§ 6.

Du Paiement par intervention.

131. « La subrogation au droit du porteur d'une lettre de change a lieu en faveur du tiers qui paie par intervention le montant de la traite, aussi bien lorsque le paiement est fait pour le compte de l'accepteur que lorsqu'il est fait pour le compte du tireur ou de l'un des endosseurs. — Les articles 158 et 159 du Code de commerce, qui ne parlent que du tireur et des endosseurs, ne sont point limitatifs. » (Paris, 15 avril 1831. — Sirey, v° 31-2-228.)

132. « Pour que la subrogation aux droits du porteur d'une lettre de change protestée ait lieu au profit de celui qui paie par intervention , il n'est pas nécessaire que le paiement soit fait au moment même du protêt. — La subrogation existe , bien que le paiement n'ait eu lieu qu'après un jugement de condamnation obtenu par le porteur. » (Toulouse , 12 mai 1829. — Sirey, v° 30-2-35.— Cassation , 19 juin 1832.— Sirey, v° 32-1-547.)

133. « Celui qui a payé une lettre de change par intervention ne peut en transmettre la propriété par la voie de l'endossement. — Cette faculté n'appartient qu'à ceux qui , porteurs d'ordres , les passent à des tiers. » (Paris , 30 juillet 1833. — Sirey, v° 33-2-449.)

SECTION DEUXIÈME.

De la Novation.

134. « Le porteur d'une lettre de change protestée qui la passe au compte courant du tireur , ne perd pas pour cela seul son recours contre les accepteur et endosseur. — Il n'opère pas novation. » (Bruxelles , 18 juillet 1810 (Sirey , v° 14-2-100.)

135. « Une lettre de change souscrite au profit de tel , à qui l'on doit pour une cause civile , emporte novation. — En ce cas , la dette devient commerciale. — Peu importe son origine.» (Colmar , 22 novembre 1815 (Sirey, v° 16-2-68.)

136. « L'acceptation par le créancier de billets en paiement de la dette , n'opère pas novation lorsqu'il a été stipulé que le paiement ne serait valable et définitif qu'autant que les billets seraient acquittés. » (Cassation , 16 août 1820. — Sirey, v° 21-1-103. — Bordeaux , 4 juillet 1832. — Sirey, v° 33-2-55.)

SECTION TROISIÈME.

De la Remise volontaire.

137. « La remise volontaire que le porteur d'une lettre de

change consent au profit du tireur, ne profite point à l'endosseur si le porteur en a fait la réserve expresse. — Dans ce cas, l'endosseur qui rembourse a le droit, de son propre chef et malgré la remise, de recourir contre le tireur. » (Cassation, 11 février 1817. — Sirey, v° 18-1-1 ; — Pothier, *Traité du Contrat de change*, n° 182 ; — Delvincourt, *Institutes du Droit commercial*, t. 2, p. 170 ; — Pardessus, *Traité des Lettres de Change*, n° 314 ; — Nouguier, t. 1, n° 4, p. 354.)

SECTION QUATRIÈME.

De la Compensation.

138. « Le créancier d'un failli, pour effet de commerce à terme non échu, ne peut compenser le montant de cet effet avec une somme qu'il doit au failli, mais sans terme. — Vainement il dirait que la faillite a rendu sa créance exigible, et que dès-lors les deux créances ont été susceptibles de compensation. » (Cassation, 17 février 1810 ; — 12 février 1823. — Sirey, v° 24-1-82). — Lyon, 25 janvier 1825. — Sirey, v° 25-2-126 ; — Pardessus, *Traité du Contrat de change*, t. 1er, p. 231 et 233.)

139. « La compensation est proposable par le débiteur d'un effet de commerce, lorsque celui qui en réclame le paiement n'est pas un *tiers-porteur*. — La circonstance que la créance à compenser a dû résulter d'un compte à régler, et a dû paraître *non liquide*, n'offre pas un moyen de cassation. » (Cassation, 11 novembre 1813. — Sirey, v° 15-1-197.)

140. « L'endossement irrégulier ne transférant pas la propriété au porteur, ce porteur n'a aucun droit contre le débiteur, qui, étant créancier de l'auteur de l'endossement irrégulier, s'est libéré de plein droit au moyen de la compensation. » (Liége, 13 décembre 1810. — Sirey, v° 11-2-332 ; — Pothier, *Contrat de Change*, n°s 38 et 41.)

13

LIVRE DEUXIÈME.

De l'exécution forcée de la Lettre de Change.

CHAPITRE PREMIER.

1° Devoirs et Droits des divers intéressés dans la Lettre de Change ; Déchéance. — 2° Actions récursoires.

SECTION PREMIÈRE.

Devoirs et Droits des divers intéressés. — Déchéance.

ARTICLE 1er.

Devoirs du Porteur en général.

141. « Sous le Code , le protêt fait le *jour même* de l'échéance est nul. — C'est le lendemain qu'on doit protester. » (Agen , 2 avril 1824 ; — Bordeaux , 10 décembre 1832. — Sirey, v° 33-2-488 ; — Pardessus, *Droit commercial*, n° 420 , p. 470 ; — Locré, sur l'art. 162, etc....)

142. « L'art. 163, qui autorise le porteur à faire protester avant l'échéance , dans le cas de faillite de l'accepteur, est applicable au cas où l'état de faillite n'ayant pas été déclaré par jugement, est cependant notoire. » (Bordeaux , 10 décembre 1832. — Sirey, v° 33-2-488.)

143. « Le recours facultatif autorisé par l'art. 163, au cas de faillite du tiré, contre tous les débiteurs, n'a pour objet que d'obtenir caution du paiement à l'échéance et non-paiement immédiat.

» Ainsi, au cas d'un premier protêt après la faillite, et d'un deuxième protêt après l'échéance, le délai de quinzaine pour dénoncer ne court qu'à dater du deuxième protêt. » (Cassation , 16 mai 1810. — Sirey , v° 10-1-282.)

144. « La disposition qui permet au porteur d'un effet non payé de poursuivre le tireur et l'endosseur collectivement ou individuellement, à son choix, doit être entendue en ce sens que le porteur peut requérir la condamnation du tireur avant que la procédure soit instruite contre l'endosseur, encore qu'il ait assigné l'un et l'autre à la fois. » (Cassation, 27 juin 1810. — Sirey, v° 10-1-380.)

145. « Le protêt n'est pas valablement notifié par lettre missive. » (Cassation, 24 vendémiaire an XII. — Sirey, v° 4-1-355 ; — Vincens, ch. VIII , n° 4, p. 327 ; — Merlin , *Répertoire*, v° *Endossements*, n° 6 , p. 610 ; — Nouguier, n° 10 , p. 373.)

146. « Le porteur doit, à peine de déchéance, non-seulement notifier le protêt à ses débiteurs, mais encore les faire citer dans la quinzaine. — La notification et l'assignation sont prescrites cumulativement. » (Cassation, 22 juin 1812. — Sirey, v° 12-1-355 ; — MM. Locré, sur l'art. 165, p. 519 ; — Pardessus, *Droit commercial*, n° 431 ; — Merlin, *Répertoire*, v° *Endossement*, n° 6, p. 609 ; — Denizart, v° *Lettre de Change* ; — Nouguier, n° 10, p. 374. — En sens contraire, Savary, Parère, 2 ; — Pothier, n° 149, p. 315.)

147. « De même, l'assignation en justice ne couvre pas le défaut de notification du protêt. — Merlin , *Répertoire*, v° *Endossement*, n° 7, p. 612.)

148. « Le délai dans lequel le protêt d'une lettre de change payable en *France* doit être dénoncé aux tireur et endosseurs français, se règle non par la distance existant entre le lieu du paiement et le domicile du procureur du roi près le tribunal où la demande est portée, mais d'après la distance existant entre le lieu du paiement et le domicile réel des tireur et endosseurs, suivant les règles établies en l'art. 166 Code de commerce. »

(Trèves , 27 juillet 1810. — Sirey , v° 11-2-467. — Gênes,
13 août 1812. — Sirey, v° 12-2-4.)

149. « Le délai d'un jour , pour chaque deux myriamètres et
demi , accordé par l'art. 165, doit être augmenté d'un jour, même
lorsqu'il s'agit d'une fraction moins forte que deux myriamètres
et demi , par exemple, de quatre kilomètres. » (Bordeaux ,
5 juillet 1825. — Sirey, v° 25-2-204.)

150. « Le porteur devant, aux termes de l'art. 165, notifier le
protêt dans la quinzaine, n'obéit pas à la loi si le quinzième jour
étant férié légal , il notifie le lendemain. » (Tribunal de commerce de Paris , 22 janvier 1828. — *Gazette des tribunaux de
commerce* du 24 janvier 1828 , n° 76.)

ARTICLE 2.

De la Déchéance.

151. « Le protêt faute d'acceptation d'une lettre de change ,
lorsqu'il est suivi d'une condamnation au *paiement* contre les tireur et endosseur , passée en force de chose jugée , et ainsi devenue définitive avant l'échéance , rend inutiles à cette époque
le protêt faute de paiement et toutes poursuites ultérieures. —
Par suite, et malgré l'absence du protêt faute de paiement , le
porteur conserve son recours contre les tireur et endosseur. »
(Cassation , 15 juin 1842. — D. P. , 42-1-260.)

152. « L'acquiescement sans réserve du porteur au concordat
passé entre l'accepteur et les créanciers , le prive de tout recours contre les endosseurs et contre le tireur qui justifierait de
la provision. » (Bruxelles, 1ᵉʳ frimaire an X. — Sirey, v° 4-
2-384. — Paris, 10 nivôse an XV. — Sirey, v° 5-2-301.)

153. « Le tiers-porteur qui , après protêt, accorde volontairement une prorogation au souscripteur , avec remise des intérêts
jusqu'à l'expiration du terme ainsi prorogé , perd son recours
contre l'endosseur, la remise de ces intérêts opérant une véri-

table remise de portion de la dette elle-même, et devant par suite emporter la décharge de la caution. » (Code civil 2039. — Paris, 4 août 1842. — D. P. , 44, 4ᵉ partie, p. 155.)

154. « Le porteur perd également son recours s'il accorde des délais à l'accepteur. » (Cassation, **21** mars 1808. — Sirey, vᵒ 8-1-245. — Grenoble, 16 février 1809. — Sirey, vᵒ 11-2-188. — Lyon, 25 juin 1827. — Sirey, vᵒ 28-2-24; — Pothier, nᵒ 178, p. 343; — Pardessus, *Droit commercial*, nᵒ 436, p. 488; — Nouguier, t. 1, nᵒ 4, p. 379.)

155. « Le porteur qui a fait notifier le protêt et fait assigner ses débiteurs, ne peut être déchu sous prétexte qu'il n'a pas pris jugement de condamnation sur sa première assignation, et que la nouvelle assignation qu'il donne est postérieure au délai de quinzaine. » (Cassation, **11** mars 1835. — Sirey, vᵒ 35-1-183; — MM. Dalloz, p. 712; — Horson, *Question* 115, p. 147; — Nouguier, t. 1, nᵒ 5, p. 379.)

156. « Le cas de force majeure peut, selon l'arbitrage des juges, relever le porteur de la déchéance encourue pour retard de protêt, ou de dénonciation, ou d'assignation. » (Entre autres arrêts, cassation, **23** février 1831. — Sirey, vᵒ 31-1-122.)

157. « L'obligation de faire protester dans les vingt-quatre heures n'est imposée par la loi qu'aux tiers-porteurs, et non aux bénéficiaires à l'égard desquels le délai utile pour protester est de cinq ans. » (Amiens, **20** août 1839. — D. P. , 41-2-33.)

ARTICLE 3.

Droits du Porteur en général, et envers chacun des obligés en particulier.

158. « Le porteur d'une lettre de change est relevé de la déchéance prononcée par l'art. 170 Code de commerce, en faveur du tireur, lorsque celui-ci, après l'expiration des délais fixés pour le protêt, a reçu du tiré tombé en faillite un dividende de

30 p. % sur la créance formant provision , et l'en a libéré. »
(Aix, 11 décembre 1838. — D. P., 38-2-124. — Conforme,
D. A., v° *Effets de commerce.*)

§ 1er.

Droits du Porteur en général.

159. « Les sûretés, et notamment les hypothèques données
pour garantir le paiement d'une lettre de change, sont présu-
mées données au profit du porteur. » (Cassation, 5 nivôse an
XIII; — 10 août 1831. — Sirey, v° 31-1-371. — Voir les
notes concernant l'endossement.)

160. « L'art. 213 du Code de procédure civile, qui permet de
condamner à des dommages-intérêts celui qui a dénié sa signature, est applicable aux lettres de change. — La condamnation
peut être prononcée par le tribunal civil qui a fait la vérification
d'écritures. » (Paris, 21 novembre 1812. — Sirey, v° 14-2-
336.)

161. « Le codébiteur d'une lettre qui en paie le montant après
condamnation par corps, a la même voie de contrainte pour se
faire rembourser de son codébiteur, alors même que la cause de
la lettre de change est civile. » (Cassation, 17 avril 1833. —
Sirey, v° 33-1-386.)

162. « Le mandat de souscrire des lettres de change, c'est-à-
dire de soumettre un individu à la contrainte par corps, doit être
exprès. — Il ne peut résulter d'un mandat général. » (Aix,
10 juin 1833. — Sirey, v° 33-2-643.)

§ 2.

Droits et Devoirs du Porteur relativement : 1° au Tiré ; 2° au Tireur, 3° aux Endosseurs ; 4° au donneur d'Aval.

163. — 1° « L'accepteur qui n'a pas reçu provision peut, invo-
quant cette exception, se dispenser de payer, lorsque le porteur

n'a en sa faveur que des endossements irréguliers, et demeure le mandataire du tireur. » (Cassation. — *Gazette des tribunaux de commerce* du 24 avril 1828, n° 115.)

164. — 2° « Une lettre de change dont la signature est déniée par le tireur, peut servir de commencement de preuve par écrit, pour l'admission de la preuve testimoniale.

» Malgré un rapport d'experts qui déclarent que la signature est fausse, la cour, puisant l'opinion contraire dans l'enquête, peut condamner le tireur à payer. » (Cassation, 19 décembre 1827. — *Gazette des tribunaux de commerce*, 20 décembre 1827, n° 61.)

165. « Une lettre de change non protestée en temps utile ne dégénère pas en simple promesse. — Le porteur n'en a pas moins le droit de poursuivre devant les tribunaux de commerce le tireur qui n'a pas fait provision, et de le faire condamner par corps. » (Cassation, 13 frimaire an IX ; — 25 mai 1824. — Sirey, v° 24-1-186.)

166. « Le souscripteur d'un billet à ordre, auquel le créancier réclame son paiement après l'échéance, non en vertu de ce billet qu'il ne peut représenter et qui n'a pas été protesté, mais par action ordinaire en justice, n'a pas le droit de se refuser à payer tant que le billet n'a pas été représenté. » (Code de commerce 161 et suiv.)

« Il a seulement le droit d'exiger caution ; mais s'il n'y conclut pas, il ne peut se plaindre que les juges, en le condamnant à acquitter la somme qui faisait l'objet du billet non représenté n'imposent pas d'office au créancier l'obligation de fournir caution. » (Code de commerce 152.)

« A l'égard du souscripteur d'un billet à ordre, la simple demande en paiement suffit pour faire courir les intérêts, sans qu'il faille, en outre, qu'il y ait eu un protêt, lequel n'est exigé qu'à l'égard des tiers. » (Code de commerce, 184-176. — Cassation, 8 avril 1840. — D. P., 40-1-141.)

167. « Le porteur qui n'a pas fait protester perd son recours contre le tireur qui a fait provision, encore que l'effet fût *sur papier libre.* » (Cassation, 2 juillet 1828. — Sirey , v° 29-1-112.)

168. — 3° « L'auteur d'un endossement ainsi conçu : *Payez à l'ordre de.... valeur reçue comptant, avec garantie jusqu'à parfait paiement,* peut, comme tout autre endosseur, se prévaloir du défaut de protêt en temps utile. » (Nîmes, 22 juin 1829. — Sirey , v° 30-2-358.)

169. « Lorsque l'endosseur, au lieu d'exciper du défaut de protêt, demande terme et délai, il est non recevable à opposer postérieurement la déchéance. » (Bordeaux , 14 mars 1828. — Sirey, v° 28-2-170.)

170. « Il en est de même lorsqu'il paie après protêt tardif. » (Tribunal de commerce de Rouen , 7 avril 1830. — *Gazette des tribunaux de commerce* du 22 avril 1830 , n° 339. — Cassation, 29 août 1832. — Sirey, v° 32-1-724 ; — Pardessus, *Droit commercial*, n° 434, p. 484 ; — Nouguier, t. 1, n° 5, p. 407.)

171. « L'endosseur qui , condamné par défaut , paie un à-compte au porteur, est non recevable à former opposition au jugement. » (Tribunal de commerce de Paris, 4 septembre 1827. — *Gazette des tribunaux de commerce* du 6 septembre 1827 , n° 16.)

172. « Celui qui transmet un effet de commerce après la faillite du tireur est tenu à la garantie de droit envers son cessionnaire, encore que le protêt n'ait pas été fait. » (Cassation, 31 juillet 1817 ; — 20 décembre 1821. — Sirey, v° 22-1-138.)

173. « On ne peut, sans porter atteinte aux principes sur le paiement des dettes à terme, décider que le délai accordé par le porteur d'une traite à l'un des endosseurs, ne concerne pas les endosseurs postérieurs de la même traite. — Le bénéfice de ce délai ne profitant pas à ces derniers, ceux-ci conservent tous les droits et demeurent soumis à toutes les obligations qui résultent ordinairement de la négociation d'un pareil billet. » (3 février 1834, cassation de Belgique. — J. Bel., 1834, 1-191. — Devil. et Massé, v° *Lettre de change*, n° 286, p. 499.)

174. « Le banquier auquel un effet est envoyé pour en soigner le recouvrement, est responsable du défaut de protêt, quoique l'effet soit parvenu le lendemain de l'échéance, si du reste il avait le temps de faire protester. » (Paris, 25 août 1831. — Sirey, v° 31-2-296.)

SECTION DEUXIÈME.

Actions Récursoires.

175. « L'endosseur qui réclame le paiement doit prouver qu'il a remboursé véritablement, lorsqu'il n'y a pas eu de protêt et que rien ne démontre qu'il a effectivement remboursé le porteur, lequel serait déchu. » (Paris, 4 janvier 1817. — Sirey, t. 18-2-11.)

176. « L'endosseur qui rembourse est subrogé aux droits du porteur, non-seulement contre les signataires, mais encore contre les autres individus responsables, quoique non signataires. — Par exemple, contre l'huissier qui commet une négligence dans l'accomplissement de son mandat. » (Cassation, 9 mars 1837. — Sirey, v° 37-1-301.)

177. « Lorsque le remboursement d'une lettre de change est ordonné avant son échéance sur protêt faute d'acceptation, le bénéficiaire n'a droit aux intérêts ni à partir du protêt, qui ne vaut pas comme demande en justice, ni à partir du jugement, mais à compter de l'échéance ; ainsi doit être entendue la disposition du jugement qui condamne au remboursement de la lettre de change avec *intérêt légitime.* » (Cassation, 11 juillet 1843. — D. P., 44-1-132.)

« Cette décision indique la différence que présente l'action en remboursement d'une lettre de change, sur protêt *faute d'acceptation,* et la même action sur protêt *faute de paiement.* Dans ce dernier cas, en effet, les intérêts courent de plein droit à partir du protêt (184). — La raison de cette différence s'explique par les motifs que les intérêts de la lettre de change sont réputés avoir été compris dans sa valeur lors de sa création, et s'étendre jusqu'à son échéance. » (*Note de l'arrêtiste.*)

« Et si même le remboursement avait lieu avant l'échéance, le porteur, s'il est banquier, devrait subir l'escompte des intérêts jusqu'à cette échéance. » (D. P. , *id.*)

« Cela serait sans doute logique, comme on peut l'induire de l'observation qui précède, mais les habitudes du commerce sont contraires. » (*Note de l'arrêtiste.*)

178. « L'endosseur qui a perdu son recours contre les endosseurs précédents, ne peut agir contre eux en vertu d'une subrogation qu'il s'est fait consentir par le porteur par acte séparé. » (Bordeaux, 21 décembre 1831. — Sirey, v° 33-2-127.)

179. « La déchéance prononcée par l'art. 169 est une véritable prescription opposable en tout état de cause. — Comme la prescription, elle cesse d'être opposable s'il y a reconnaissance de la dette par acte séparé. » (Cassation, 29 juin 1817. — Sirey, v° 19-1-434. — Agen, 19 janvier 1833. — Sirey, v° 33-2-245.)

CHAPITRE II.

Des Protêts. — 1° Notions générales ; — 2° Formules.

SECTION PREMIÈRE.

Notions générales.

180. « Les intérêts dus par suite du protêt ne doivent pas se combiner avec le principal pour déterminer le dernier ressort. » (Cassation, 5 mars 1807. — Sirey, v° 7-1-191. — Bruxelles, 13 août 1811 ; — Grenoble, 10 février 1825. — Sirey, 25-2-136.)

181. « Le premier endosseur d'une lettre de change non écrite sur papier timbré n'est pas passible du recours de l'endosseur postérieur qui a acquitté l'amende, lorsque le protêt de l'effet et l'amende qu'il a amenée sont la faute de ce dernier endosseur, qui n'a point payé le billet quoiqu'il eût provision. » (Bordeaux, 13 mai 1819. — D. P., 2-251.)

1° *Forme du Protêt.*

182. « Le protêt d'une lettre de change payable en pays étranger doit être fait suivant la forme prescrite dans ce pays. Ici s'applique la règle *locus regit actum.* » (Cassation, 5 juillet 1843. — D. P., 43-1-463.

183. « La non-visibilité d'un débiteur équivaut à son absence, dans le sens de l'art. 174. — Ainsi l'huissier à qui un domestique déclare que le débiteur n'est pas visible, est dispensé de venir de nouveau, et il peut protester à l'instant, en faisant au domestique les injonction de droit. » (Cassation, 23 novembre 1829. — Sirey, t. 30-1-113.)

184. « Il suffit, pour la validité du protêt, que l'absence ou la présence du débiteur, sans être expressément mentionnées, ressortent clairement du contexte de l'acte. » (Tribunal de commerce de Paris, 17 février 1829 ; — *Gazette des tribunaux de commerce* du 24 février 1829, n° 218.)

185. « L'art. 174 Code de commerce, relatif aux conditions de l'acte de protêt, ne prescrit pas, à peine de nullité, les énonciations relatives à la présence du débiteur et au motif de son refus de payer ou de signer. » (Cassation, 14 décembre 1840. — D. P., 41-1-45. — Voir Locré, sur l'art. 174, et la note de l'arrêtiste, *loc. cit.*)

186. « La validité d'un acte de protêt ne peut être attaquée sous prétexte, 1° que l'effet a été présenté par le porteur lui-même, non par le notaire ; 2° que les notaires auraient gardé devers eux la minute du protêt. » (Rouen, 30 août 1813. — Sirey, 16-2-101.)

187. « L'huissier qui a négligé de dresser le protêt ou qui a fait un protêt nul, n'est passible d'aucuns dommages-intérêts, si les juges sont convaincus de l'insolvabilité des débiteurs. » (Entre autres arrêts, Poitier, 18 juin 1830 ; — Nancy, 29 janvier 1831. — Sirey , t. 31-2-270.)

188. « L'huissier n'est responsable de la nullité du protêt qu'envers le porteur qui seul lui a donné mandat ; — quant aux endosseurs qui peuvent exciper de la nullité du protêt, s'ils remboursent le porteur, ils ne peuvent attaquer l'huissier. » (Cassation, 29 août 1832. — Sirey, vº 32-1-724 ; — Nouguier, t. 1, nº 18, p. 426.

En sens contraire, Paris, 8 janvier 1834. — Sirey, 34-2-235. — Cassation , 9 mars 1837. — Sirey , 37-1-301.)

189. « L'action en garantie contre l'huissier qui a fait un protêt nul doit être portée au tribunal civil. » (Jurisprudence de la cour de cassation. Entre autres arrêts, 16 mai 1816. — Sirey , t. 16-1-341.)

2º Dans quel cas et à quelle époque doit être dressé le Protêt.

190. « Le porteur ne peut se dispenser de protester, sous prétexte que l'effet étant sur papier libre, il sera obligé de faire amender. » (Cassation , 2 juillet 1828. — Sirey, t. 29-1-112.)

191. « Les billets à ordre, bien que revêtus d'endossements en blanc, doivent être protestés faute de paiement , à peine de déchéance contre les endosseurs. » (Limoges, 6 mars 1841. — D. P. , 41-2-226.)

192. « Le protêt fait le jour même et non le lendemain de l'échéance est nul. » (Agen, 2 avril 1824 ; — Bordeaux, 10 décembre 1832. — Sirey, vº 33-2-488.)

193. « Les parties peuvent, par dérogation à la loi, se dispenser du protêt faute de paiement. » (Cassation , 20 juin 1827 ; — 22 décembre 1835. — D. P. , 36-1-206.)

194. « La preuve testimoniale est admissible à l'effet d'établir que le souscripteur ou l'endosseur ont dispensé le porteur de l'obligation du protêt. » (Cassation, 20 juillet 1832. — Sirey , t. 32-1-657.)

3° *En quels lieux doit être dressé le Protêt.*

195. « Le protêt doit nécessairement être fait non à la personne du tiré, mais à son domicile. » (Bordeaux, 18 juin 1834. — Sirey , t. 34-2-437 ; — Favard de Langlade, *Répertoire,* v° *Lettre de Change*, t. 3, p. 290 ; — Nouguier, t. 1, n° 1, p. 433.)

196. « Quand une lettre de change est tirée sur un commerçant qui a son comptoir dans un lieu et sa résidence dans un autre, le protêt doit être fait au lieu indiqué pour le paiement. — Il ne suffirait pas de protester au lieu de la résidence, même quand le tiré serait en faillite et aurait fermé son comptoir. » (Bordeaux, 11 juin 1814. — Sirey , t. 15-2-141.)

197. « Le protêt fait a un effet souscrit par un militaire est valablement fait en parlant au concierge de la caserne où réside le régiment dans lequel le militaire est incorporé. — Le domicile d'un militaire est réputé à la caserne de son régiment. » (Tribunal de commerce d'Amiens, 29 janvier 1830. — *Gazette des tribunaux de commerce* du 21 février 1830, n° 322.)

198. « Le protêt doit-il être fait au domicile du besoin indiqué par l'endosseur ?

Voir au texte, page 49, livre Ier, chapitre III, section 4e, et les notes concernant cette section. »

199. « La personne indiquée pour payer au besoin a le droit d'exiger la remise de l'effet acquitté, avec le protêt dûment enregistré fait sur le débiteur principal. — Si l'huissier n'est pas encore muni de ses pièces, il doit revenir chercher le paiement. — Ce n'est pas au besoin à aller chez lui. » (Caen, 1er février 1825. — Sirey, t. 26-2-108.)

CHAPITRE III.

Du Rechange.

200. « Le change s'opère par une retraite qui est une nouvelle lettre de change..... La retraite ne peut avoir lieu avant l'échéance des traites qu'elle représente. » (Colmar, 9 avril 1813. — Sirey, v° 16-2-102.)

201. « Lorsqu'une lettre de change est indiquée payable dans un pays où les rechanges peuvent être cumulés, l'endosseur est tenu de supporter plusieurs rechanges, encore que l'endossement ait eu lieu en France, où la loi prohibe le cumul des rechanges. » (Gênes, 17 août 1811. — Sirey, v° 13-2-23.)

202. « La contrainte par corps peut être prononcée pour le paiement des intérêts et des frais du compte de retour. — Ces intérêts et ces frais doivent être considérés comme accessoires de la créance et ne doivent pas, comme les dépens, être considérés comme frais de justice. » (Cassation, 5 novembre 1835. — Sirey, v° 36-1-103.)

203. « Nous avons dit au texte, livre II, chapitre III, page 112, que le dernier alinea de l'art. 179 du Code de commerce avait fort embarrassé les commentateurs. M. Bravard-Veyrières, professeur de droit commercial à la faculté de Paris, tout en critiquant les opinions déjà émises sur ce sujet, en a exprimé une nouvelle que nous allons analyser.

La disposition du deuxième alinea de l'art. 179 doit être combinée avec les dispositions contenues dans les art. 181-182-183.

Est-il possible d'arriver à un système qui, sans s'écarter d'aucun des principes posés par les articles ci-dessus cités, soit en même temps conforme à l'art. 179 ?

D'après M. Delvincourt, de même que le rechange se règle, à l'égard du tireur, par le cours de la ville où la lettre de change était payable sur la ville d'où elle a été *tirée*, il doit se régler, à l'égard des endosseurs, par le cours de la ville où la lettre de change était payable, sur la ville où elle a été *négociée* par eux. Ainsi, par exemple, dans le cas où une lettre de change aurait été tirée de Paris sur Marseille, et négociée successivement, 1° à Rouen; 2° au Hâvre; 3° à Lyon, le porteur, faisant retraite de Marseille sur l'une de ces villes, pourrait, dans le système de M. Delvincourt, se faire tenir compte du rechange, savoir : par l'endosseur de Lyon, d'après le cours de Marseille sur Lyon; par l'endosseur du Hâvre, d'après le cours de Marseille sur le Hâvre; par l'endosseur de Rouen, d'après le cours de Marseille sur Rouen. — D'un autre côté, selon M. Delvincourt, lorsque l'endosseur sur lequel le porteur a fait retraite du lieu du paiement (c'est-a-dire de la ville où la lettre protestée était payable) tire à son tour, pour se rembourser, sur l'un des endosseurs antérieurs; il ne peut également se faire tenir compte du rechange que d'après le cours du lieu du paiement sur celui où la lettre a été négociée, par l'endosseur sur lequel il tire. — Le système de M. Delvincourt repose sur cette idée, que chaque endosseur serait un tireur, à l'égard de ceux qui le suivent et du porteur. Or, cette assimilation, dit M. Bravard-Veyrières, n'est rien moins qu'exacte, car la lettre de change peut être endossée tout aussi bien dans le lieu même où elle est *payable*, que dans tout autre, et alors, à coup sûr, il ne se forme pas de contrat de change par l'endossement. En résumé, le système de M. Delvincourt lui semble devoir être repoussé comme contraire tout à la fois au texte de l'art. 179; au principe qu'il ne doit y avoir qu'un seul compte de retour; au principe que les endosseurs, ainsi que le tireur, ne doivent supporter qu'un seul rechange; enfin, comme reposant sur une base fausse en théorie, et comme supposant, pour sa mise à exécution, une multiplicité de certificats que la loi n'admet pas, ce qui le rendrait impraticable en fait.

Le système de M. Vincens, dit M. Bravard-Veyrières, paraît

encore moins heureux, s'il est possible; d'après lui, les termes du Code : « Le lieu où la lettre de change a été remise ou négociée, » signifieraient le lieu de la résidence du cessionnaire immédiat de l'endosseur sur lequel la retraite est faite, et les mots : « Le lieu où le remboursement s'effectue, » voudraient dire le lieu où cet endosseur lui-même réside; de sorte que, dans notre espèce, si le porteur faisait retraite de Marseille sur l'endosseur du Hâvre, ou sur l'endosseur de Rouen, le rechange devrait se régler d'après le cours de Lyon sur le Hâvre, ou du Hâvre sur Rouen. Or, est-il possible au porteur, au moment où il fait retraite de Marseille, de connaître le cours du change de Lyon sur le Hâvre, ou du Hâvre sur Rouen? Non, évidemment. — La même impossibilité se rencontrerait dans le système de M. Vincens, d'après le sens qu'il attribue aux mots *lieu où la lettre a été négociée*, lorsque l'un des endosseurs, pour se rembourser du paiement de la retraite tirée sur lui, ferait à son tour retraite, non pas sur son cédant immédiat, mais comme il en a aussi le droit, sur un endosseur antérieur. Il y aurait d'ailleurs dans son système, comme dans celui de M. Delvincourt, plusieurs comptes de retour, et chaque endosseur supporterait plus d'un rechange. — On ne peut pas non plus considérer chaque endosseur comme ayant négocié la lettre du lieu où il l'a endossée, sur le lieu d'où est daté l'endossement, immédiatement postérieur au sien. En effet, s'il en était ainsi, on pourrait toujours, en datant l'endossement de tel ou tel lieu, occasionner, à volonté, un rechange plus ou moins considérable, rechange toujours arbitraire, et qui pourrait devenir monstrueusement exhorbitant.

Voici le système que M. Bravard-Veyrières émet à son tour : Le lieu où la lettre a été négociée par chaque endosseur est celui d'où leur endossement est daté. — Quant au lieu où le remboursement s'effectue, c'est celui où le compte de retour est remboursé, aux termes de l'art. 132, d'endosseur à endosseur, respectivement. D'après cela, voici la marche qui paraît tracée par la loi, de deux choses l'une, ou le *cours* du change du lieu du paiement, sur le lieu où la *retraite* est dirigée, est *moins*, ou, au contraire, *plus* élevé que le cours du change du lieu du paiement, sur le lieu d'où la lettre protestée a été tirée, et qu'on peut appeler le lieu de la *traite*. — S'il est *moins* élevé, le porteur ne doit comprendre dans sa retraite que le rechange d'après le cours du lieu du paiement, sur le lieu où la *retraite* est dirigée, et cela, par la raison toute simple que le tireur, ainsi que les endosseurs, ne doivent au porteur que ce qu'il lui en a coûté pour négocier sa retraite, et rentrer par là dans ses fonds. — Au contraire, si, en sens inverse, le cours du lieu du paiement sur le lieu où est dirigée la *retraite* est *plus* élévé que celui du lieu du paiement sur le lieu de la *traite*, le porteur ne pourra comprendre dans son compte de retour le rechange, qui, d'après ce dernier cours, est le plus faible; l'excédant restera donc à sa charge personnelle, et cela est juste, car il avait la chance, suivant le cours du change, de gagner à la négociation de sa retraite; et d'ailleurs, s'il ne veut pas supporter cet excédant, il n'a qu'à faire retraite sur le tireur. — Ainsi, le cours du change du lieu du paiement sur le lieu de la *traite* détermine le *maximum* du rechange dont le tireur et les endosseurs peuvent être tenus; dans aucun cas, on ne peut leur en demander un plus élevé. — Le cours du change du lieu du paiement, sur celui de la destination de la *retraite* tirée sur un endosseur, sert au contraire à déterminer si le rechange à supporter par le tireur et les endosseurs, ne doit pas rester au-dessous de ce maximum.

Cela posé, il n'y a plus qu'à expliquer comment doivent se régler les recours des endosseurs les uns contre les autres, et contre le tireur. — L'endosseur qui aura soldé le compte de retour et la retraite tirée sur lui, à moins qu'il n'aime mieux s'adresser directement au tireur, se fera rembourser ce même compte de retour par l'un des endosseurs antérieurs, qui, à son tour, s'il ne préfère s'adresser immédiatement au tireur, pourra se faire rembourser par un des endosseurs précédents, et ainsi de suite jusqu'au tireur qui acquittera, lui, définitivement le compte de retour. — Chaque endosseur supportera les frais de négociation de sa propre retraite, c'est-à-dire le rechange auquel cette négociation donnera lieu ; et cela est juste : car, d'un côté, il peut tout aussi bien gagner que perdre sur la négociation de sa retraite, et d'un autre côté, il ne tient qu'à lui, au lieu de faire retraite, d'exercer son recours par les voies ordinaires (Bravard-Veyrières, p. 229 et suiv.).

CHAPITRE IV.

De la juridiction compétente en matière de Lettres de Change.

204. « La femme qui souscrit une lettre de change est-elle justiciable du tribunal de commerce, quoique d'ailleurs elle ne soit pas marchande publique ?

« Oui. (Limoges, 19 mai 1813; — Aix, 22 février 1822; — Montpellier, 20 janvier 1835. — Sirey, t. 35-2-336; — Merlin, *Répert.*, v° *Lettre de Change*, p. 651. — Limoges, 21 mars 1838. — D. P., 39-2-70.)

« Non. » (Cassation, 28 avril 1819. — Sirey, t. 20-1-33. — Bordeaux, 11 août 1826 ; — Limoges, 16 février 1833. — Sirey, 33-2-217; — Delvincourt, *Instit. comm.*, t. 2, p. 95; — Pardessus, *Droit commercial*, t. 5, n° 1348 et 1349, p. 17; — Nouguier, t. 1, n° 6, p. 457.)

SECTION PREMIÈRE.

Tribunal compétent pour connaître d'une demande en délivrance d'un deuxième exemplaire.

205. « Les endosseurs d'une lettre de change ne peuvent, sur la demande du propriétaire, lui refuser leurs noms et leurs soins

pour lui procurer un second exemplaire, encore qu'il n'y ait eu protêt ni recours dans les délais de la loi. » (Turin, 9 juillet 1813. — Sirey, t. 14-2-257.)

SECTION DEUXIÈME.

Du Tribunal compétent pour connaître des Contestations relatives au refus d'acceptation.

206. « Lorsque le porteur d'une lettre de change non échue demande au tireur un cautionnement provisoire, et l'assigne à cette fin devant le tribunal de son domicile, si le tireur conteste la propriété du porteur, et qu'ainsi l'instance soit engagée devant le tribunal du domicile du tireur sur la propriété de la lettre de change, le porteur ne peut, après l'échéance, assigner le tireur aux lieux où la lettre de change est payable. — En ce cas, il y a litispendance. » (Cassation, 9 mars 1812. — Sirey, 12-1-247.)

SECTION TROISIÈME.

Du Tribunal compétent pour connaître des Contestations dérivant du refus du paiement.

207. « La demande en remboursement de traites payées par l'accepteur peut être portée devant le tribunal de commerce du lieu où ces traites étaient payables. » (Paris, 23 mars 1811. — Sirey, t. 11-2-148.)

208. « Le tribunal dans l'arrondissement duquel une lettre de change a été créée, et les valeurs fournies, n'est pas, par cela seul, compétent pour en connaître. — Ce n'est pas le cas d'appliquer l'art. 420 du Code de procédure civile, qui permet d'assigner aux lieux où la promesse a été faite et la marchandise livrée. » (Cassation, 4 octobre 1808. — *Journal des audiences de la cour de cassation*, année 1808, p. 495. — Toulouse, 28

janvier 1833. — Sirey, t. 33-2-310; — Merlin, *Additions*, t. 16, p. 684; — Pardessus, *Traité du contrat de change*, t. 2, n° 536; — Nouguier, t. 1, n° 3, p. 464.)

209. « Le tiré qui n'a point accepté ne peut être assigné en garantie que devant les juges de son domicile, et non devant le tribunal du domicile du tireur. » (Entre une foule d'arrêts, Cassation, 5 avril 1837. — Sirey, 37-1-291 ; — Carré, *sur le Code de procédure civile*, t. 1, p. 780; — Merlin, *Questions de Droit*, v° *Lettre de Change*, § 4; — Pardessus, *Eléments de jurisprudence commerciale*, p. 616; — Horson, *Questions* 200 et 208; — Nouguier, t. 1, n° 7, p. 467.)

210. « Le tiré qui a accepté peut être traduit à fin de condamnation devant le tribunal de l'endosseur, encore que ce ne soit pas celui de son domicile. » (Paris, 14 septembre 1808. — Sirey, v° 14-2-177.)

211. « Le mandataire qui néglige de recouvrer une traite peut être assigné en garantie devant le tribunal saisi de la demande en remboursement formée contre le mandant. — C'est le cas d'appliquer les art. 59 et 181 du Code de procédure civile. » (Cassation, 16 novembre 1826. — Sirey, t. 27-1-301; — Nouguier, n° 11, p. 470.)

212. « L'art. 213 du Code de procédure civile, qui permet de condamner à des dommages-intérêts celui qui a dénié son écriture et sa signature, est applicable à la lettre de change, et cette condamnation peut être prononcée par le tribunal civil qui a ordonné la vérification. » (Paris, 29 novembre 1812. — Sirey, t. 14-2-336.)

CHAPITRE V.

De la Lettre de Change dans ses rapports avec les étrangers.

SECTIONS 1re, 2e et 3e.

213. « Une lettre de change tirée par un Anglais au profit

d'un autre Anglais, payable en Angleterre, doit, quant à son exécution, et si le paiement en est réclamé par un endosseur français, être régie par la loi anglaise. » (Paris, 29 mars 1836. — D. P., 36-2-70.)

214 « Un acte de commerce, une lettre de change, et en général tous les contrats du droit des gens, peuvent, par cela seul qu'ils ont eu lieu en France, bien que ce soit entre étrangers, être soumis pour leur exécution à la juridiction des tribunaux français. » (Entre autres arrêts, cassation, 26 novembre 1828. — Sirey, 29-1-9.)

215. « Les tribunaux français, compétemment saisis d'une demande formée par un étranger contre un Français, sont par cela même compétens pour statuer sur l'intervention que formerait dans l'instance un autre étranger, encore que la question soulevée par cette intervention n'intéresse que les deux étrangers. » (Code civil art. 15 , Code de procédure 420.)

« Spécialement, les tribunaux français saisis par le porteur étranger d'une lettre de change tirée d'un pays étranger sur France et sur un Français, d'une demande à fin de paiement, sont compétents pour statuer sur l'intervention formée par les syndics de la faillite du tireur étranger, à l'effet de faire attribuer la provision à la masse de la faillite préférablement au porteur. » (Code de procédure 340. — Cassation, 7 juillet 1845. — Sirey, t. 45-1-378.)

216. « L'étranger qui souscrit un effet de commerce au profit d'un autre étranger, lequel transporte par endossement le titre à un Français, est obligé directement envers le Français. — En conséquence, il peut être arrêté provisoirement à la requête du Français, et les tribunaux de France sont compétents pour connaître de la demande formée contre lui. » (Entre une foule d'arrêts, cassation 25 septembre 1829, 26 janvier 1833. — Sirey, 33-1-100. — Paris, 17 juin, 15 octobre 1834. — Sirey, 34-2-371 et 657.

En sens contraire, entre autres arrêts, Pau, 27 mai 1830. — Sirey,31-2-55. — Poitiers, 5 juillet 1832. — Sirey, 32-2-441.)

LIVRE TROISIÈME.

Lettres de Change contenant des suppositions. — Lettres de Change fausses.

CHAPITRE PREMIER.

Des Suppositions.

SECTIONS 1re, 2e et 3e.

217. « L'exception de la supposition peut être opposée au bénéficiaire de l'effet, ou, par lui, contre l'accepteur. » (Cassation, 22 juin 1825. — Sirey, 26-1-64. — Entre autres arrêts, Agen, 19 décembre 1836. — Sirey, 37-2-244.)

218. « Dans les matières qui sont de la compétence des tribunaux de commerce, et notamment en lettres de change, ils peuvent admettre la preuve par témoins. — Ils peuvent aussi, sur de simples présomptions et sans preuves par écrit, reconnaître l'existence de la supposition. » (Entre autres arrêts, cassation, 20 juin 1816. — D. A. , t. 6, p. 572. — Bordeaux, 21 février 1831. — Sirey, 31-2-140; — Merlin, *Additions*, t. 16, § 2, n° 2 *bis*, art. 5, p. 638; — Locré, sur l'art. 110; — Pardessus, chapitre X, section 1re, n° 459, p. 511; — Horson, *Question* 46, p. 155; — Dalloz, *Répert. méth.*, t. 6, section 1re, § 10, n° 3, p. 571; — Nouguier, t. 1, p. 158.)

CHAPITRE II.

Des Faux commis dans les Lettres de Change.

SECTIONS 1re, 2e, 3e, 4e, 5e et 6e.

219. « Le blanchiment du papier timbré qui a déja servi, en

faisant disparaître entièrement le corps d'écriture au moyen
de procédés chimiques, ne constitue ni crime, ni délit. — L'usage
de ce papier peut seul donner lieu à l'amende prononcée par l'article 26, n° 3, de la loi du 13 brumaire an VII. » (Cassation,
11 juillet 1834. — Sirey, 34-1-738.)

220. « Il y a crime de faux de la part de celui qui ayant en
dépôt une lettre de change protestée faute de paiement (et que
les parties intéressées étaient convenues de regarder comme
nulle) en supprime le *pour acquit*, et met à sa place un endossement au moyen duquel il la fait revivre. » (Cassation, 6 juin
1807. — Sirey, t. 8-1-455.)

221. « Celui qui, dans le dessein de faire circuler des lettres
de change, fait graver des modèles sur les traites originales des
banquiers dont il veut emprunter les noms, est coupable de ten-
tative de faux. » (Cassation, 4 septembre 1807. — Sirey, t. 9-
1-90.)

222. « Celui qui, dans l'intention de porter préjudice à autrui,
antidate sur une lettre de change des endossements en blanc,
commet le crime de faux, alors même qu'il ne doit pas en profiter personnellement. » (Cassation, 6 avril 1809. — Sirey,
t. 9-1-429.)

223. « Celui qui tire des lettres de change sous un nom supposé et idéal, et les fait circuler revêtues de son endossement,
commet le crime de faux. » (Entre une foule d'arrêts de la cour
de cassation, 14 octobre 1831. — Sirey, 32-1-315; — Merlin,
Additions, v° *Faux*, t. 15, p. 313; — Nouguier, t. 1, p. 165.)

224. « Le tiré, ou l'intervenant, qui a payé la lettre de
change ultérieurement reconnue fausse, peut-il en répéter le
montant contre le porteur à qui il a payé? — Peut-on appliquer
ici l'art. 1377 du Code civil, qui veut que celui qui, par erreur,
acquitte ce qu'il croit une dette, ait le droit de répétition?

« Oui. » — (Lyon, 26 février 122; — Paris, 25 février 1824;

— Bordeaux, 22 avril 1828. — Sirey, t. 28-2-223; — Nouguier, t. 1, p. 170.

« Non. » — (Cour royale de Paris, 8 mai 1829. — *Gazette des tribunaux du commerce* du 15 mai 1829, nº 241. — M. Pardessus, *Cours de Droit commercial*, t. 2, partie 2, tit. IV, chap. IX, section 1ʳᶜ, nᵒˢ 448 et 460.)

225. « La bonne foi du tiers-porteur d'un billet argué par l'un des endosseurs de falsification dans la somme, n'autorise pas les juges civils à prononcer avant qu'il ait été statué sur le faux. — Il y a obligation pour eux de surseoir. » (Cassation, 20 novembre 1833. — Sirey, 34-1-59.)

LIVRE QUATRIÈME.

Des Effets négociables autres que la Lettre de Change.

CHAPITRE PREMIER.

Billet à ordre.

SECTIONS 1ʳᵉ et 2ᵉ.

Caractères du Billet à ordre. — Leur forme, leurs règles diverses, timbre et enregistrement.

226. « Le tiers-porteur de billets à ordre causés valeur en vente d'office d'huissier, ne peut en réclamer le paiement contre le souscripteur, si celui-ci n'obtient pas sa nomination du gouvernement, les billets se trouvant alors sans cause. » (Paris, 13 février 1837. — Sirey, 37-2-290.)

227. « Un billet à ordre n'énonçant pas *la nature* des valeurs fournies est nul comme effet de commerce, mais il vaut comme obligation civile. — Une obligation civile n'exprimant pas la

cause a néanmoins effet jusqu'à preuve d'absence de cause. — La preuve est à la charge du débiteur, non du créancier. » (Cassation, 18 janvier 1825. — Sirey, v° 25-1-181. — Bourges, 12 février 1825 ; — Pau, 25 juin 1836. — Toullier, t. 6, n° 175 ; — Merlin, *Questions de Droit*, v° *Causes des obligations* ; — Pardessus, *Droit commercial*, t. 2, p. 52. — Nouguier, t. 1, p. 497-498.)

En sens contraire, sur la différence relative à la charge de la preuve. — Duranton, *Traité des contrats*, t. 1, n° 307 ; — Delvincourt, t. 2, n° 3, p. 12.)

228. « La valeur d'un billet à ordre n'est pas suffisamment indiquée par ces mots : *Valeur prêtée en mon besoin* (Paris, 29 avril 1829. — Sirey, t. 9-2-139); ni par ces mots : *Valeur en contractant ou valeur en quittance* (Caen, 15 janvier 1813. — Sirey, t. 14-2-158); ni par ceux : *Valeur reçue* (Toulouse, 28 mars 1832. — Sirey, 33-2-88); ni par ceux-ci : *Valeur entendue et entre nous connue.* » (Metz, 18 janvier 1833. — Sirey, v° 34-2-560.)

228 (*bis*). « Sont nuls les billets à ordre souscrits pour dettes de jeu. » (Montpellier, 4 juillet 1828. — Sirey, 29-2-106.)

229. « Pour que l'endossement d'un billet à ordre soit translatif de propriété à l'égard du souscripteur du billet, il faut absolument que dans l'endossement même se trouve la preuve de sa régularité. Le porteur en vertu d'un endossement en blanc ne peut donc diriger des poursuites en son propre nom contre le souscripteur de l'effet, alors même qu'il prouve réellement en avoir fourni la valeur. » (137-138. — Cassation, 25 juin 1845. — Sirey, 45-1-229. — Voir dans le même sens, cassation, 30 décembre 1840, et la note sur cet arrêt, t. 41-1-28.)

230. « L'endosseur d'un billet à ordre ne peut se refuser à prêter le serment décisoire que lui défère le souscripteur du billet, sur la question de savoir si les valeurs énoncées au billet,

ont été réellement fournies. » (Bruxelles, 9 novembre 1809. — Sirey, t. 12-2-368.)

231. « Lorsque la femme d'un négociant s'oblige solidairement dans un billet à ordre souscrit de la main du mari, l'approbation de la somme en toutes lettres est nécessaire. » (Entre une foule d'arrêts, cassation, 8 août 1815, 16 mai 1816, 18 février 1822. — Sirey, t. 22-1-318 ; — Nouguier, t. 1, p. 502; — Dénizart, v° *Billet.*)

232. « Les billets à ordre passés devant notaires doivent, sous peine d'amende, être enregistrés dans le délai réglé pour les actes notariés ordinaires. Il ne suffit pas qu'ils soient présentés à la formalité en même temps que le protêt, comme lorsqu'ils sont faits sous seing-privé. » (Cassation, 10 février 1834, 28 janvier, 29 juin 1835. — Sirey, t. 35-1-528 et 529.)

233. « Lorsque l'effet de commerce fait sous seing-privé contient une clause par laquelle il y a constitution d'hypothèque, il n'est pas dispensé de l'enregistrement. » (Cassation, 7 prairial an XII. — Sirey, t. 4-771.)

234. « L'acte par lequel un débiteur d'effets de commerce affecte des immeubles pour sûreté de paiement de ses effets, constitue une nouvelle obligation distincte de celle résultant des effets de commerce, et passible d'un droit proportionnel d'enregistrement. » (Entre autres arrêts, cassation, 5 août 1833, 29 août 1834, 30 mai 1835. — Sirey, t. 35-1-262.)

235. « Les huissiers peuvent donner des assignations pour billets non enregistrés, pourvu que ces billets soient enregistrés en même temps que l'assignation et avant le jugement. » (Cassation, 7 décembre 1820, 19 novembre 1834. — Sirey, t. 34-1-780.)

236. « Les notaires étant considérés comme débiteurs directs de la régie, pour l'enregistrement de leur acte, il en résulte qu'ils ont le droit de demander en leur nom personnel les som-

mes qu'ils ont payées en plus. » (Cassation, 1er mars 1825. — Sirey, 25-1-371.)

237. « Il y a lieu à l'amende pour contravention au timbre, par cela seul qu'un billet à ordre a été écrit sur papier non timbré et négocié. — Peu importe que le protêt n'ait pas été fait. » (Cassation, 18 janvier 1825. — Sirey, 25-1-248.)

238. « L'amende pour défaut de timbre est indivisible. — Elle est toute à la charge de celui qui a souscrit le billet. » (Cassation, 8 octobre 1810. — Sirey, 11-1-30.)

239. « L'amende pour défaut de timbre doit être ajoutée au capital, pour déterminer le dernier ressort. » (Bordeaux, 7 janvier 1831. — Sirey, 31-2-226.)

SECTION TROISIÈME.

De la Juridiction compétente en Matière de Billets à ordre. — Effets de ces Billets.

§ 1er

Juridiction compétente.

Sur la qualité de Négociant ou Commerçant.

240. « Les billets à ordre n'étant des engagements commerciaux qu'entre négociants, il importe de savoir quels sont les caractères qui constituent la qualité de négociant.

« Sont *commerçants* ceux qui exercent des actes de commerce et en font leur profession *habituelle.* » (Art. 1er Code de commerce.)

« La loi répute acte de commerce tout achat de denrées et marchandises pour les revendre, soit en nature, soit après les avoir travaillées et mises en œuvre, ou même pour en louer simplement l'usage. — Toute entreprise de manufacture, de commission, de transport par terre ou par eau ; — toute entreprise de fournitures, d'agences, bureaux d'affaires, établissements de ventes à l'encan, de spectacles publics; — toute opération de change, banque ou courtage; — toutes les opérations de banques publiques; — toutes obligations entre négociants, marchands et banquiers; — entre toutes personnes, les lettres de change ou remises d'argent faites de place en place. » (Art. 632 Code de commerce.)

« La loi répute pareillement actes de commerce toute entreprise de construction, et tous achats, ventes et reventes de bâtiments, pour la navigation intérieure et extérieure; — toutes expéditions maritimes; — tout achat ou vente d'agrés, apparaux et avitaillements; — tout affrétement ou nolissement, emprunt ou prêt à la grosse; — toutes assurances et autres contrats concernant le commerce de mer; — tous accords et conventions pour salaires et loyers d'équipages; — tous engagements de gens de mer, pour le service de bâtiments de commerce. » (Art. 633 Code de commerce.)

L'*habitude* mentionnée dans l'art. 1er du Code de commerce ci-dessus cité, n'a pas été caractérisée par la loi, et les tribunaux sont investis à cet égard d'un pouvoir discrétionnaire.

« Il est des spéculations qui doivent conférer à leur auteur la qualité de commerçant aussitôt qu'elles ont reçu un commencement quelconque d'exécution; par exemple, un établissement formé sur une échelle aussi vaste que l'est ordinairement l'entreprise d'une manufacture, même de la moindre importance, ne peut être considéré comme un acte de commerce passager. Le seul fait de l'ouverture d'une manufacture, ce qui a lieu presque toujours après publications, annonces, et souvent même autorisations sollicitées et obtenues, constitue une profession habituelle, parce qu'il représente constamment son auteur comme disposé à agir. » (Orillard, p. 132. — Dans le même sens, Pardessus, t. 1er, no 78.)

Commerçants. — Sous ce nom, la loi désigne les marchands et négociants, les banquiers et les fabricants.

Par *marchand*, on entend, le plus ordinairement, celui qui se livre au commerce de détail.

Les *négociants* sont les marchands en gros.

Les *banquiers* sont ceux qui font un commerce par lettres de change, et négociation d'argent de place en place.

Dans la classe des *fabricants*, il faut comprendre non-seulement ceux qui font fabriquer par des ouvriers appelés généralement *manufacturiers*, mais encore les *artisants* qui fabriquent eux-mêmes et pour leur propre compte.

On doit mettre dans la classe des commerçants tous les *artisans* qui d'habitude achètent des matières premières pour les revendre après les avoir façonnées; alors même qu'ils n'achèteraient les matières dont ils ont besoin qu'au fur et à mesure des commandes qu'ils reçoivent (Carré, *Loi de l'organisation et de la compétence*, t. 2, p. 542. — Orillard, p. 136-137).

L'artisan qui se borne à façonner, soit seul, soit avec le secours de quelques compagnons ou apprentis, les matières premières qui lui sont fournies par des tiers, n'est pas un commerçant. — Le simple louage d'ouvrage n'est un acte de commerce que lorsqu'il s'exerce sur une échelle assez vaste pour constituer une entreprise de manufacture.

241. « De ce qu'un billet à ordre est causé *valeur en marchandises*, il ne s'en suit pas que le souscripteur non commerçant soit par cela seul justiciable du tribunal de commerce; il faut de plus que les marchandises aient été achetées pour être revendues. » (Entre autres arrêts, Paris, 10 décembre 1829, 19 mars 1831. — Sirey, t. 31-2-306.)

242. « Il n'y a pas non plus acte de commerce, lorsque le souscripteur non négociant souscrit un billet causé *per una mia operatione di commercio*, si on ne justifie pas que l'opération a en effet eu lieu. » (Bastia, 29 janvier 1833. — Sirey, 33-2-246.)

243. « Les négociants sont justiciables des tribunaux de commerce, pour raison des billets souscrits par eux à l'ordre même de simples particuliers qui en sont porteurs à l'échéance. » (Rouen, 10 mars 1813. — Sirey, 14-2-113.)

244. « Si un négociant a souscrit des billets à ordre depuis sa faillite, il reste, à raison de ces billets, justiciable des tribunaux de commerce, comme il l'était auparavant. » (Liége, 4 avril 1813. — Sirey, 14-2-113.)

245. « Les négociants ne sont pas justiciables du tribunal de commerce, à raison de billets à ordre causés *pour droits de douane.* » (Rouen, 16 juin 1827. — Sirey, 28-2-18.)

246. « De même, quand les billets sont payables seulement sous condition. » (Grenoble, 19 juin 1824. — Sirey, 25-2-186.)

247. « De même, quand le billet est causé pour valeur en frais de poursuites d'une affaire de prises. » (Cassation, 8 janvier 1812. — Sirey, 12-1-254.)

248. « Encore qu'un billet à ordre porte la signature de commerçants, il est réputé simple promesse s'il n'énonce pas la valeur fournie. — En conséquence, les tribunaux de commerce sont incompétents pour en connaître ; il n'en est pas, dans ce cas, comme des lettres de change réputées simples promesses, qui, aux termes des art. 636-637, peuvent attirer les signataires devant la juridiction commerciale quand ils sont négociants. » (Entre autres arrêts, cassation, 6 août 1811. — Sirey, t. 11-1-341. — Toulouse, 17 novembre 1828. — Sirey, t. 29-2-117. — Metz, 18 janvier 1833. — Sirey, t. 34-2-560.)

249. « Lorsqu'un effet de commerce porte en même temps des signatures d'individus négociants et d'individus non négociants, le tribunal de commerce est-il compétent pour en connaître, si c'est un signataire non commerçant qui est assigné comme seul débiteur en cause ? »

« Oui. — (Entre autres arrêts, Bordeaux, 17 janvier 1832 ; — Grenoble, 7 février 1832 ; — Paris, 25 novembre 1834.

— Sirey, 35-2-104. — Amiens, 7 mars 1837. — Sirey, 37-2-399. — Rennes, 7 avril 1838. — Sirey, 45-2-658. — Voir D. P., t. 39-2-25; — Dalloz aîné, Vincent, t. 1, p. 138.)

« Non. » (Entre autres arrêts, Paris, 17 septembre 1828, et 19 novembre 1831. — Sirey, 31-2-306. — Bastia, 4 janvier 1832. — Sirey, 32-2-635. — Horson, 201ᵉ *Question.* — Despréaux, *Compétence des tribunaux de commerce,* n° 499. — Nancy, 5 avril 1845. — Sirey, t. 45 2-658.)

Voici les considérants de l'arrêt rendu par la cour royale d'Amiens, le 7 mars 1837 :

« Attendu que le premier billet souscrit le 1ᵉʳ août 1835, par la demoiselle Vallée, non commerçante, à l'ordre de son frère, également non commerçant, quoique causé *valeur échangée,* ne pouvait, à cette époque, être considéré comme un effet de commerce; mais que ce billet s'étant trouvé, à son échéance, revêtu de la signature de quatre individus commerçants, avait acquis un caractère commercial, et que dès-lors on a pu, conformément à l'art. 637 Code de commerce, assigner devant le tribunal de commerce pour en obtenir le paiement; — Qu'en effet, aux termes de cet article, les tribunaux de commerce doivent connaître des billets à ordre portant à la fois des signatures d'individus négociants et non négociants; que cette disposition, conçue en termes généraux, attribue aux tribunaux de commerce, par opposition au cas prévu par l'art. 636 dudit Code, la connaissance de tous effets qui, étant revêtus d'une forme commerciale, sont susceptibles d'en conserver d'une manière immuable le privilége.

» Que, dès-lors, il est indifférent que l'individu non négociant, signataire du billet, soit seul actionné en paiement, parce que cette circonstance n'est pas de nature à anéantir la juridiction commerciale, irrévocablement acquise par le fait de la signature d'individus négociants.

» Qu'il faut reconnaître que cet individu a accepté d'avance ·

cette juridiction, lorsque, pour satisfaire à une obligation purement civile, il a recours aux formes commerciales, et notamment
au billet à ordre, parce que, en le souscrivant, il s'est soumis
aux conséquences qui pourraient en résulter si son billet, mis
en circulation, se trouvait ensuite revêtu de la signature d'individus négociants. »

« Les cours royales de Caen, de Montpellier, de Bordeaux,
de Grenoble et de Paris (dit M. Nougier, p. 517), se sont ran-
gées à cette doctrine, qui nous paraît la plus conforme aux principes. »

Les partisans de l'opinion contraire répondent que l'article
637 du Code de commerce suppose qu'un porteur d'effet a actionné devant le tribunal de commerce plusieurs souscripteurs,
dont les uns sont négociants, et les autres non négociants ; —
que le principe de la solidarité ne permettant pas qu'on divise
l'action, la loi a voulu, pour ce cas, que les uns et les autres
fussent justiciables du tribunal de commerce ; mais en lui inter-
disant la faculté de prononcer la contrainte par corps contre ceux
de ces individus qui ne seraient pas négociants ; — que la disposition de l'art. 637 du Code de commerce, fondée uniquement
sur l'inconvénient qu'il y aurait à diviser les actions (Pardessus,
t. 5, p. 20), ne peut être invoquée lorsqu'un signataire, non
commerçant, d'une lettre de change réputée simple promesse,
ou d'un billet à ordre, est appelé *isolément* devant la juridiction
consulaire. — M. Pardessus, n° 1349, ne discute pas la question
comme étant sérieuse. — Si l'opinion qui se prononce pour l'affirmative paraît être plus conforme au texte de la loi, il résulte
des principes de la matière et de l'intention du législateur, mani-
festée dans l'exposé des motifs du Code de commerce, que l'opinion de ceux qui soutiennent la négative est plus conforme à
son esprit.

250. « Bien que l'aval apposé par une femme non commer-

çante à un billet à ordre souscrit entre négociants, ne vaille, à son égard, que comme simple promesse, elle est justiciable, à raison de cet aval, du tribunal de commerce..... sans même qu'il soit nécessaire de l'assigner conjointement avec les souscripteurs négociants; il en est de même du souscripteur ou endosseur, même non commerçant. » (Cassation, 26 juin 1839. — D. P. 1-249; — Merlin, *Répertoire*, v° *Lettre de change*, § 3, n° 5 ; — Carré, *Lois d'organisation* et *de compétence* t. 2, p. 592.

Contrà, s'il n'y a pas de signatures de commerçants. (Riom, 4 août 1838. -- D. P., 2-30, t. 39.)

§ 2.

Effets des Billets à ordre.

251. « Le billet souscrit par un agent de change pour des opérations commerciales faites par lui, contrairement à la loi, le soumet à la contrainte par corps. » (Bordeaux, 19 avril 1836. — Sirey, 37-2-43.)

252. « Un billet à ordre souscrit par un commerçant cesse d'être de plein droit présumé fait pour son commerce, s'il est causé valeur reçue en objets mobiliers. — Dans ce cas, le souscripteur ne doit pas être condamné par corps, par cela seul qu'il est commerçant. » (Cassation, 3 juin 1835. — Sirey, 35-1-628.)

253. « Quand, dans un billet à ordre souscrit par un commerçant, la valeur fournie n'a pas été énoncée, la contrainte par corps ne peut être ordonnée. » (Cassation, 22 juillet 1813, 28 mai 1831. — Sirey, t. 32-1-22.)

254. « Des billets à ordre causés pour prix de vente d'immeubles, et mentionnés dans le contrat, font un seul et même tout avec le contrat de vente, et participent au privilége du prix de vente sur l'immeuble vendu. » (Cassation, 15 mars 1827. — Sirey, 27-1-61.)

CHAPITRE II.

Billet à domicile.

255. « D'après ce qui a été dit au texte, pages 138 et 139, le billet à domicile ne différerait de la lettre de change qu'en ce que les principes relatifs à l'acceptation, à la provision, et à la déchéance de l'art. 170, ne sauraient lui être appliqués. — Ces choses étant plutôt des accidents que des éléments constitutifs de la lettre de change, on pourrait dire que le billet à domicile est une véritable lettre de change, et qu'on peut tirer une lettre de change sur soi-même. Si la loi a voulu que le nom de celui qui devait payer fût indiqué, c'est afin de pouvoir vérifier si le contrat de change est intervenu. On dit qu'il faut trois personnes, mais pourquoi? donne-t-on le motif? Nullement. Qu'importe donc, pourvu qu'il y ait remise. — Le tiré est-il autre chose d'ailleurs que le mandataire du tireur? voudrait-on défendre de faire par soi-même ce que l'on permet de faire par un mandataire? — D'après nous, le billet à domicile est *proprement* une lettre de change, comme dit M. Vincens (chap. XI, n° 5, p. 368). La plupart des auteurs veulent que le souscripteur d'un billet à domicile soit contraignable par corps, attendu qu'il opère une remise d'argent de place en place, qu'il fait une opération commerciale entre toutes personnes (art. 632), et sous ce rapport encore, le billet à domicile produirait les mêmes effets que la lettre de change. — Ainsi vient de le décider un arrêt de la cour royale de Toulouse, du 28 février 1846. — Paratge c. C.....

Les auteurs du *Dictionnaire du contentieux commercial* ne partagent pas cette manière de voir; ils prétendent que si le billet à domicile produit tous les effets de la lettre de change entre négociants, il ne peut pas avoir pour effet de soumettre les non-commerçants à la juridiction commerciale, et à la contrainte par corps; ils prétendent que, par ces mots de l'art. 632 : *Lettres de change* ou *remises* d'argent faites de place en place, le législateur n'a voulu dire qu'une seule et même chose : que la remise de place en place ne suffit pas seule pour imprimer à l'acte un caractère exclusivement commercial, puisqu'une lettre de change qui ne contient pas cette remise dégénère en simple promesse, quand elle vient à manquer de quelques-unes de ces conditions. Mais le billet à domicile manque-t-il de quelques conditions indispensables? Nous ne le pensons pas. La lettre de change offre deux caractères essentiels, celui d'instrument du contrat de change, celui d'effet négociable. Le billet à domicile n'a-t-il pas ces deux caractères? Il faut un tiré, dit-on, mais le tiré n'est pas une personne, il n'est qu'un domicile. Nous avouons qu'une lettre de change n'est qu'une simple promesse lorsqu'elle manque d'une des conditions exigées par l'art. 110; mais cet article n'exige pas que le tiré soit autre que le tireur; dans quel but l'exigerait-on? La jurisprudence, quoique n'étant pas unanime, est en majeure partie contraire à l'opinion des auteurs du *Dictionnaire du contentieux commercial*. Nous devons dire, néanmoins, que plusieurs arrêts récents (Amiens, 6 décembre 1843; — Nancy, 5 avril 1845; — Riom, 7 avril 1845. — Sirey, t. 45-2-657 et suiv.), ont décidé la question dans le même sens que ces derniers.

CHAPITRE VI.

Du Billet au porteur.

256. « Est valable, sous la nouvelle comme sous l'ancienne législation. Il a des effets plus ou moins étendus, suivant les conditions qu'il renferme et les causes de sa création. » (Nimes, 23 mars 1830. — Sirey, 31-2-344. — Cassation, 20 janvier 1836. — D. P., 36-1-127; — Locré, t. 1er, p. 557; — Pardessus, t. 2, p. 312; — Dalloz, *Répert. méth.* t. 6, vo *Effets de commerce*, p. 749; — Nouguier, t. 1, p. 542.)

CHAPITRE VII.

Des Lettres de crédit.

257. « La garantie consentie en une forme non commerciale, par un non-commerçant, à raison d'un crédit ouvert à un commerçant par un autre commerçant, n'emporte ni la contrainte par corps contre le garant, ni la juridiction commerciale. » (Angers, 8 février 1830. — Sirey, 30-2-139. — Cassation, 21 juillet 1824. — Sirey, 26-1-73. — Paris, 15 janvier 1831. — Sirey, 31-2-198.)

LIVRE CINQUIÈME.

De la Prescription.

258. « La prescription de cinq ans, établie pour lettres de change, est applicable quelle que soit la cause qui ait fait créer le titre, et encore que cette cause soit purement civile. » (Cassation, 15 décembre 1829. — Sirey, 30-1-7.)

259. « En matière de lettres de change *à vue*, tirée de France sur France, la prescription de cinq ans commence à courir, dans le cas où il n'y a pas eu de protét, à partir de l'expiration du délai de six mois fixé par l'art. 160 du Code de commerce, pour la présentation des lettres de change à vue tirées du continent ou des îles de l'Europe, et payables dans les possessions européennes de la France. » (Cassation, 1er juillet 1845. — Sirey, t. 45-1-561.)

260 « La prescription ne court pas en faveur du débiteur qui s'est fait remettre le titre pour en poursuivre le recouvrement et qui a mis ainsi le porteur dans l'impossibilité d'agir. » (Bordeaux, 28 mars 1828. — Sirey, 28-2-239. — Cassation, 3 janvier

1832. — Sirey, 32-1-352; — Pardessus, *Droit commercial*, t. 2, n° 240, p. 190; — Nouguier, t. 1, p. 561.)

261. « La prescription de cinq ans n'a pas lieu si la dette a été reconnue par acte séparé, encore bien que cet acte séparé soit antérieur à l'effet de commerce sujet à la prescription. » (Cassation, 2 février 1819. — Sirey, 19-1-408; — Nouguier, t. 1, p. 564.)

262. « Le souscripteur qui déclare qu'il ne peut payer à cause de saisie-arrêt formée entre ses mains, reconnaît l'existence de la dette et interrompt la prescription. » (Paris, 7 janvier 1815. — Dalloz, t. 23-2-8; — Vazeille, t. 2, n° 634, p. 239.)

263. « Pour que l'acte séparé dont parle l'art. 189 puisse avoir l'effet de substituer la prescription trentenaire à la prescription quinquennale, il faut que la reconnaissance ait procuré au créancier un titre nouveau en remplacement de la lettre de change. Si la reconnaissance n'a eu d'autre résultat que d'ajouter à l'ancien titre, la prescription quinquennale continue à être applicable. » — Amiens, 8 février 1830; — Cassation, 9 août 1831, 28 novembre 1831. — Sirey, 32-1-26; — Merlin, v° *Prescription*; — Locré, sur l'art. 189; — Pardessus, Troplong, Vazeille, Nouguier, etc.)

264. « La force majeure suspend la prescription. » (Entre une foule d'arrêts, cassation, 23 février 1831. — Sirey, 31-1-122; — Pothier, chap. V, p. 311; — Locré, sur l'art. 164; — Merlin, *Questions de droit*, v° *Protêt*, § 8; — Vazeille, t. 1er, n° 315; — Troplong, t. 2, n°s 727-728.)

265. « Les poursuites faites contre l'un des coobligés n'interrompent pas la prescription, à l'égard de tous les obligés d'un effet de commerce. » (Toulouse, 23 février 1837. — Horson, *Quest.* 133, p. 198; — Vazeille, t. 2, n° 629. — En sens contraire, Horson, *Quest.* 133, p. 197 et suiv.)

266. « La faillite ne suspend pas la prescription, à l'égard des créanciers, pas plus qu'à l'égard du débiteur. » (Cassation, 14

février 1833. — Sirey, t. 33-1-844; — Nouguier, t. 1, p. 57;
— Vazeile, t. 2, n° 635, p. 239.)

Contrà, Pardessus, t. 2, n° 240, p. 191.

267. « La minorité ne suspend pas la prescription. » (Paris,
23 avril 1836. — Dalloz, 37-2-44.)

268. « Le défendeur à une demande en paiement d'une lettre
de change, qui répond ne rien devoir, ne renonce pas, par cela
même, à l'exception de la prescription. — L'arrêt qui induit de
là une renonciation viole l'art. 2221 du Code civil. » (Cassation,
19 avril 1815. — Sirey, 15-1-203.)

269. « Les lettres de change contenant supposition de nom,
de lieu, de qualité, etc., et réputées simples promesses, ne sont
point sujettes à la prescription de cinq ans. »

270. « La prescription de cinq ans ne s'applique pas aux billets
à ordre souscrits par des commerçants, mais pour cause non
commerciale. » (Paris, 2 mars 1836. — Sirey, 37-2-16.)

271. « Celui qui oppose la prescription quinquennale contre un
billet à ordre doit être admis à prouver qu'à l'époque où il a
souscrit ce billet il était commerçant. » (Bastia, 2 mars 1837. —
D. P., 37-2-131.)

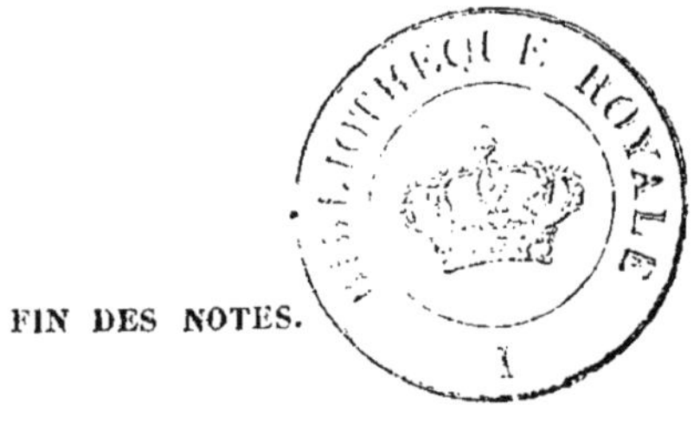

FIN DES NOTES.

TABLE ALPHABÉTIQUE.

A.

B.

C.

F.

Faillite. — Voir *Capacité, Provision, Acceptation, Tireur, Caution, Prescription.*

Faux. — Page 127 ; Notes, page 214, n°s 219 et suiv.

Femme, Fille. — Voir *Capacité, Billet à ordre, Compétence, Contrainte par corps.*

Foire. — Lettres payables en foire (Code de commerce, art. 133), pages 32 et 33.

Force majeure.—Elle relève de la déchéance, page 95 ; Notes, page 197, n° 156. *Suspend la prescription.* — page 147, section cinquième ; Notes, page 229, n° 264.

G.

Garant. — Voir *Solidarité, Aval, Endossement.*

I.

Interdit. — Voir *Capacité.*

Intérêts. — Sont dus depuis le protêt, page 112 ; Notes, page 199, n° 166, troisième alinéa, page 202, n° 180.

Intervention. — Voir *Acceptation, Paiement.*

J.

Jours fériés. — page 33.

Juridiction compétente. — Voir *Compétence.*

L.

Lettre à domicile.— Page 44, section deuxième ; Notes, page 161, n° 33.

Lettre de change. — Origine, voir l'*Introduction. Définition-forme.* — Page 22, chapitre Ier, section deuxième ; Notes, page 153, n°s 1 et suiv. *Caractères essentiels à sa validité.* — page 25 ; Notes, page 154, n° 5. *Nombre des personnes qui doivent y intervenir ; leur position respective.* — Page 37. *Capacité requise pour intervenir dans les lettres de change.* — Page 38 ; Notes, page 160, n° 31.

M.

N.

O.

P.

R.

S.

T.

U.

V.

FIN DE LA TABLE.

TOULOUSE, IMP. D'AUG. DE LABOUÏSSE-ROCHEFORT.